O Deus de cada um

O Deus

NOVE HISTÓRIAS REAIS, NOVE

Waldemar Falcão

de cada um

DIFERENTES CRENÇAS, NOVE VIDAS TRANSFORMADAS

AGIR

Capa e projeto gráfico
Andrea Vilela de Almeida

Fotografias
Milton Montenegro

Copidesque
Cristiane Pacanowski

Revisão
Fernanda Jardim

Produção editorial
Juliana Romeiro

CIP-Brasil. Catalogação-na-fonte. Sindicato Nacional dos Editores de Livros, RJ.

F165d Falcão, Waldemar, 1952-
O Deus de cada um / Waldemar Falcão. – Rio de Janeiro: Agir, 2008.
il. ;

ISBN 978-85-220-0915-2

1. Religiões – Biografia. 2. Religiões. 3. Pensamento religioso. I. Título.

CDD: 920.92
07-4669 CDU: 929:2

08 09 10 11 12 8 7 6 5 4 3 2 1

AGIR

Com todo o meu amor, para:

O espírito de Célia do Carmo,
minha luz, minha mestra, minha mãe, minha irmã, minha amiga.

O espírito de meu pai, Paulo Waldemar Ribeiro Falcão, generosa figura humana, sensível e inspirado poeta e meu primeiro professor de língua portuguesa.

Nélia, Marcelo, Paulinho, Cacau e Roni, minha mãe e meus irmãos, amigos e cúmplices de todas as horas.

Mônica, mãe de meus filhos e a melhor ex-mulher do mundo.

Gabriel, Thomaz e Viviane, meus filhos, meus faróis do futuro, minhas ilhas na Eternidade.

Nina Raquel, minha filha do coração.

Agradecimentos

A Jorge, Paulo Roberto e às duas Julianas, meus anjos da guarda editoriais, pelo convite, pela idéia, pelo apoio e pela perfeita mistura de profissionalismo e calor humano.

A Marcelo Barros, monja Cohen, Paulo Sérgio Gomes, Claudio Dias Baltar, sheik Ragip, Chandra Mukha, Jayme Akstein, Fernando Ribeiro e Renata, pela generosidade e pela transparência de seus depoimentos.

A Milton Montenegro, meu irmão e meu amigo, pela sensibilidade de seu olhar fotográfico.

A Vânia Farah, pela presença, acompanhamento, incentivo, carinho e apoio nas muitas etapas de preparação e execução deste trabalho.

"Para Deus, um nome é tão bom quanto qualquer outro."

JEAN DE SAINT RÉMY,
avô e mestre de Nostradamus

Sumário

O Deus de cada um

A família de Michel de Notredame, médico, astrólogo e profeta mais conhecido como Nostradamus, foi convertida do judaísmo ao catolicismo à força, por um decreto do rei Luís XIII que obrigou os judeus da Provença a abraçar a fé católica, sob pena de tortura e morte caso não o fizessem. O pai do profeta passou a vida sentindo-se culpado pela "traição" feita a Jeová. Mas Jean de Saint Rémy, avô materno do lendário astrólogo e responsável por sua formação médica e ocultista, dissipou essa culpa no jovem Michel com uma frase simples e definitiva: "Para Deus, um nome é tão bom quanto qualquer outro."[1]

Este livro poderia se chamar também "O Deus de todos nós", e nada mudaria em sua proposta ou em seu teor. Isto porque, como vão ver ao longo da leitura, independentemente da convicção e da tradição religiosa de cada um dos retratados, o fator comum a todas as histórias é a certeza de que todos falam da mesma Presença Eterna, da mesma Consciência Cósmica, do mesmo Princípio Universal que impregna cada crença com uma concepção particular da Divindade, mas que, de uma maneira inefável, emana a mesma Essência em todos os relatos. O Deus de todos nós. O Deus de cada um.

Mesmo nas tradições que aparentam ser politeístas, como a umbanda, o santo-daime e o hinduísmo, por trás de todas as divindades, em sua riqueza e variedade peculiares, encontramos a mesma Presença, a mesma Essência Universal inspirando rituais e concepções específicas, mas sem-

---

1 Greene, Liz. *Nostradamus, uma biografia romanceada*. Ediouro, 1992.

pre remetendo a uma Causa Primordial. Os hindus chamam essa Presença de *Atma*, a centelha divina que habita o coração de cada ser vivente; as tradições cristãs a chamam de Espírito Santo; as tradições esotéricas, de Eu Superior.

Não houve qualquer pretensão antropológica ou sociológica a fundamentar esse trabalho. A intenção foi sempre a de reunir relatos e testemunhos da maneira mais humana e respeitosa possível. São histórias colhidas de depoimentos naturais e espontâneos, através de conversas e entrevistas, e transformados no trajeto de cada personagem ao longo de sua busca espiritual.

Também não existe aqui a intenção de investigar o aspecto mundano das estruturas religiosas, a não ser na quantidade minimamente necessária para explicar ao leitor o funcionamento de alguns rituais e rotinas básicas dessas tradições. A perspectiva deste livro é sempre a partir do ponto de vista do ser humano, da experiência de cada um, da visão que cada um possui de sua relação com o divino e da transformação que essa experiência tenha operado em suas vidas.

A escolha das tradições religiosas aqui apresentadas também seguiu um critério relativamente subjetivo, que foi o da disponibilidade de cada um que se interessou pela idéia do livro, concordou em dar seu testemunho e autorizou a publicação de sua história.

Aos que estranharem a presença de confissões que possam ser polêmicas ou controversas, basta que mantenham aberto o espírito de tolerância e pluralismo que permeia todos os relatos, sem nenhuma exceção, e que reparem que o foco deste livro não são as instituições, e sim as pessoas e a fé que as move e as transforma.

Estamos vivendo em uma época de grandes questionamentos nas questões religiosas e espirituais, e a hegemonia judaico-cristã que imperou no Ocidente durante séculos não existe mais. As religiões orientais estão definitivamente incorporadas ao nosso dia-a-dia e as tradições religiosas tipicamente brasileiras como a umbanda e o santo-daime também já fazem parte da religiosidade contemporânea, independentemente do que informem os censos.

Portanto, a essa altura só nos resta reconhecer e assimilar essa diversidade religiosa, considerando-a como um processo inevitável e – principalmente – enriquecedor do ponto de vista humano e espiritual. Todos os aqui retratados nos ensinam essa lição, porque, além de militarem de forma plena em suas crenças, cultivam um espírito ecumênico e aberto ao diálogo com as outras confissões religiosas. Alguns deles, como o monge Marcelo Barros, a monja Coen, o sheik Ragip e o swami Chandra Mukha, são amigos fraternos e se encontram regularmente em eventos ecumênicos e multi-religiosos.

Na outra ponta, cresce a quantidade de livros que pretendem questionar as religiões e até o próprio conceito da divindade, tentando atribuir a ambos a responsabilidade pelos descaminhos da nossa civilização atual. Seria um raciocínio muito simplista e unilateral. Se quisermos culpar instituições pela crise civilizatória que vivemos, existem dezenas delas que poderíamos apontar como responsáveis, e muitas não têm ligação alguma com a experiência religiosa.

Em O *Deus de cada um*, os relatos colhidos nos fazem recobrar a esperança de que a espiritualidade, quando vivida de maneira plena e verdadeira, resgate, através do encontro com o divino, o humanismo que deveria nortear a nossa civilização planetária e nos torne dignos de sermos chamados de "filhos de Deus". O Deus de todos nós. O Deus de cada um.

WALDEMAR FALCÃO
Araras, Petrópolis, janeiro de 2008.

Monge Marcelo Barros

QUEM É

Marcelo de Barros Souza nasceu na cidade de Camaragibe, pequeno município da região metropolitana de Recife, filho mais velho de uma família operária. Seus pais trabalhavam em uma fábrica de tecidos da cidade, mas a mãe precisou abandonar o trabalho para dar à luz os dez filhos do casal. Depois disso, com a criançada já encaminhada, passou a dar aulas de bordado e corte e costura para ajudar no sustento da família.

A vida de operário do pai tinha uma rotina bastante previsível: ele saía de manhã cedo, voltava em casa para almoçar e retornava à fábrica, de onde chegava ao fim da tarde. Era eletricista externo, encarregado de cuidar dos reparos em todas as instalações do lado de fora da fábrica.

"Eu sou o mais velho dos dez filhos, e fui muito marcado pela pobreza da gente naquele tempo. Éramos pobres mesmo! A casa em que nasci ficava numa rua chamada 'Rua da Invasão', porque naquele tempo já havia o movimento de ocupar áreas ociosas para construir moradias para os mais necessitados. Portanto, a rua era resultado de uma dessas invasões. Meu pai era operário de fábrica desde menino e foi para São Paulo como soldado para participar da Revolução de 1932. Em termos de educação, só terminou o curso primário. Por isso tudo, havia um componente de ingenuidade no papel que ele achava que estava cumprindo como operário."

Mesmo com essa ingenuidade, o pai acabou participando dos movimentos grevistas da época, muito mais motivados por reivindicações de natureza trabalhista do que por questões políticas ou partidárias. Marcelo se lembra de que em algumas ocasiões o pai não voltava para casa depois do expediente e, embora não fosse um operário engajado, fazia questão de se solidarizar com os colegas e permanecia com eles na fábrica.

"Eu lembro que às vezes ele não chegava do trabalho no horário habitual, e minha mãe ficava sabendo por intermédio de alguns colegas que estava havendo uma greve na fábrica, e que ele estava envolvido, fazendo parte da comissão de greve. Minha mãe ficava furiosa, só faltava bater nele quando voltava. Eu não tinha muita noção – e até hoje não saberia lhe dizer – do nível de conscientização dele em relação à questão operária, mas creio que era muito mais uma atitude de companheirismo com os colegas que deflagravam o movimento do que uma atitude essencialmente política."

De qualquer forma, as greves faziam com que o pai às vezes desaparecesse de casa por duas ou três semanas. Quando reaparecia, com seu jeito calado e muito reservado, não era possível saber de muita coisa a respeito do que havia acontecido. Ele pouco dizia, e a mãe, contrariada por aquele sumiço, também fazia uma espécie de greve de silêncio, e pouco ou nada se falava sobre o acontecido.

Por volta dos oito ou nove anos, Marcelo começou a participar dos movimentos sociais na paróquia da sua cidade, cujas atividades recreativas se resumiam a um cinema, dois clubes de dança nos fins de semana e o futebol. Ele explica que o engajamento da família com a questão religiosa não ia além da participação nas missas de domingo e em algumas atividades sociais, como quermesses e festas religiosas.

Marcelo se considera uma pessoa muito aberta aos meios de comunicação de massa e atribui isso ao próprio interesse do pai, que o influenciou com o hábito de ler jornais e ouvir programas de rádio, as principais mídias no seu tempo de menino. Hoje ele é um usuário assíduo da internet e do celular. Como viaja muito, essa passou a ser a sua forma de manter contato com seu círculo de amizades e com os seguidores de suas idéias.

A família era católica praticante, mas sem nenhum tipo de exagero ou fanatismo. A Igreja se constituía no principal ponto de congregação da população naquela época, e a família de Marcelo não era diferente da maioria das famílias de Camaragibe. Ele explica:

"Nós éramos católicos praticantes, mas não beatos ou envolvidos em nenhum outro tipo de movimento maior do que a prática de freqüentar a missa aos domingos e também as atividades recreativas e sociais da Igreja. Fora isso, meus pais eram seguidores fiéis de dom Hélder Câmara, por quem tinham uma grande simpatia, mas o engajamento se limitava a esses compromissos."

Para enfatizar essa atitude bastante prática e não muito engajada da família, a não ser em relação à admiração que nutriam por dom Hélder, Marcelo se lembra de um episódio engraçado quando, certa vez, sua mãe resolveu ir à missa numa outra igreja, mais próxima de sua casa, apenas por comodidade:

"Ela entrou, sentou-se e ficou espantada quando o padre começou a oficiar e postou-se de costas para os fiéis, numa época em que as missas já eram rezadas de frente para o público. Seu espanto maior veio quando, na hora de rezar pelos bispos e pelo clero, o padre mencionou o nome de um bispo Fulano de Tal. Minha mãe espantou-se mais, porque nosso bispo era dom Hélder. Resolveu perguntar a uma pessoa a seu lado se aquela não era uma igreja católica, e a pessoa respondeu: 'Sim, católica apostólica brasileira.' Assustada, ela pegou sua bolsa e saiu correndo, com medo de ter cometido uma falta muito grave", conta ele, rindo muito.

A VOCAÇÃO SACERDOTAL PERSEGUIDA E ADIADA

Da mesma forma que a vida religiosa era vivida sem grandes arroubos devocionais pela família, a vocação de Marcelo surgiu igualmente sem nenhum grande sinal que representasse um "chamado de Deus". Por freqüentar as atividades recreativas e sociais da paróquia como todos das redondezas, ele se aproximou do vigário aos poucos, movido pela curiosidade natural de menino. Naquela época, meados dos anos 1950, uma das principais atividades dos padres, sobretudo os que dirigiam igrejas em zonas mais pobres, era a de tentar conquistar os jovens para a vida sacerdotal. Ele conta:

"Eu tinha nove anos e estava um pouco adiantado nos estudos, já tendo terminado o curso primário, que normalmente se terminava aos 11. Embora não tivesse percebido nenhum chamado especial de Deus, me interessava pelas atividades dos padres, as roupas que usavam, os rituais que desempenhavam, e fiquei interessado no seminário, que não ficava na minha cidade, mas numa região mais próxima de Recife conhecida como Várzea. Comuniquei minha decisão a meus pais, que ficaram orgulhosos de mim, e parti para o seminário."

O primeiro ano foi muito interessante, com as novidades que a vida de seminarista trazia para o jovem estudante. O regime era de internato total, com pouquíssimas visitas à família, somente nas festas de fim de ano e nada mais. O restante do tempo era dedicado integralmente à vida religiosa. Entre as rotinas que faziam parte do seminário estava o aconselhamento que era dado por um diretor espiritual encarregado de prestar assistência aos jovens. E Marcelo teve o azar de ter como seu orientador um padre que era "meio pedófilo", em suas próprias palavras.

"Ele não era pedófilo no sentido mais radical da palavra, ou seja, de querer fazer sexo com os meninos, mas no sentido de abordar assuntos como sexualidade e masturbação, coisa que, para mim, com nove anos, era algo completamente desconhecido. E embora ele nunca tenha tentado nenhum tipo de abordagem mais explícita comigo e eu tivesse por ele grande respeito, aquilo foi me deixando cada vez mais desconfortável. Quando chegou o fim do ano e eu fui passar as festas em casa, não quis mais voltar para o seminário."

Mesmo assim, sem conseguir – nem querer – explicar aos pais por que não queria voltar para o seminário, Marcelo retornou no início do ano seguinte, mas só conseguiu permanecer até a Semana Santa. Isso criou um conflito na cabeça do jovem aprendiz de seminarista, que começou a achar que aquela não era a sua vocação, embora continuasse a se sentir atraído pela vida religiosa. O pai, sempre ocupado com a vida de operário, não tinha tempo para procurar uma escola para o filho. O jeito foi a mãe sair em busca de uma alternativa e acabar matriculando-o em um colégio salesiano que ficava relativamente perto de casa, para que ele pudesse retomar os estudos.

A vida ficou mais complicada. Como o colégio ficava a certa distância de casa e Marcelo precisava tomar uma condução todos os dias, os gastos com o estudo começaram a pesar. Além disso, cada programação de passeio ou visita que o colégio estipulava vinha acompanhada de um bilhete solicitando "ajuda financeira" para custear as despesas do evento. Isso foi constrangendo mais e mais o jovem Marcelo, que percebia que os pais não podiam e não poderiam continuar a arcar com esses custos.

Isso acabou prejudicando seu desempenho nos estudos e ele precisou fazer algumas provas em segunda época, quase repetindo o ano letivo. Constrangido, tomou a iniciativa de conversar com a mãe sobre esse problema, e ela arranjou uma solução prática, imediata e, de início, não muito agradável para o filho:

"Eu sempre gostei de animais selvagens. Não de vacas e cavalos, mas animais selvagens mesmo: elefantes, leões. Minha mãe descobriu uma escola agrotécnica do governo, portanto gratuita, e eu, no primeiro momento, fiquei meio contrariado com a perspectiva de estudar lá, porque mesmo gostando do tema, aquilo me soava como uma punição por não ter ido bem nos estudos do colégio salesiano. Ela me matriculou, eu tive de fazer uma pequena prova de admissão e passei sem problemas."

Essa sensação de castigo durou pouco. Com algumas semanas de convivência com os professores e os colegas, Marcelo se adaptou com rapidez à nova escola. Sua atitude na chegada foi a de quem entra numa escola "convencional", como ele mesmo descreveu sua impressão inicial. Mas o espírito de confraternização entre funcionários e alunos era a base do relacionamento na escola agrotécnica; todos vinham de origens humildes do ponto de vista financeiro, e isso fez com que houvesse um espírito de camaradagem que logo o tranqüilizou.

E mais uma vez os sinais da espiritualidade o perseguiam, mesmo sem que ele notasse: a escola tinha uma área específica para a prática do manuseio de animais, e quase em frente a essa área havia um mosteiro. Um mosteiro pequeno, com dois ou três monges alemães, um veterinário e um médico que praticava a medicina natural e a iridologia (diagnóstico realizado por meio da observação dos olhos). O monge-médico atendia à população pobre da região sem cobrar nada e receitava muitos remédios à base de ervas, numa época em que a medicina natural estava longe de ter a aceitação que tem hoje.

A retidão de caráter e de comportamento dos velhos monges alemães foi outro componente que contribuiu muito para desfazer a impressão que o jovem estudante ainda trazia dos assuntos de sexualidade precocemente tratados pelo diretor espiritual do antigo seminário. Marcelo ficou especialmente impressionado pelo velho monge-médico, já por volta dos setenta anos, que para ele passou a ser visto como um avô querido e sábio.

Havia uma ligação anterior entre o mosteiro e a escola agrotécnica: todo o complexo fizera parte de uma universidade veterinária fundada e desenvolvida pelos monges, que mais tarde foi comprada pelo governo pernambucano e transformada na escola que Marcelo conheceu. Por causa disso, houve uma inversão das funções: o prédio onde ficavam o mosteiro e a universidade passou a ser da escola, e os monges passaram a viver no pequeno prédio anexo, agora transformado em mosteiro, convivendo pacífica e fraternalmente com os novos vizinhos e até mesmo desenvolvendo algumas parcerias educativas com os alunos.

Marcelo estudou ali durante quatro anos, aprendeu as matérias que lhe interessavam na área de veterinária e acabou por redescobrir sua vocação sacerdotal:

"Eu cursei a escola dos dez aos 14 anos, redescobri minha vocação religiosa por meio do convívio com aqueles monges velhos e sábios e me senti muito mais feliz do que imaginava quando cheguei lá meio contrariado, me sentindo castigado pela família pelo mau desempenho na escola salesiana. Com isso, quis logo retomar a vida de seminarista, mas precisei esperar mais um pouco."

A VOCAÇÃO JÁ RESGATADA MAS AINDA ADIADA

Uma crise envolvendo o mosteiro foi a razão dessa espera, que no fim foi boa para o jovem e afoito futuro seminarista. Um velho monge foi acusado de ter uma amante na cidade vizinha, mas nada foi provado contra ele. Seus superiores na Europa resolveram afastá-lo, sem lhe aplicar nenhuma punição explícita, mas ele foi relegado a uma espécie de ostracismo. O abade dirigente do mosteiro, considerado omisso no episódio, também foi afastado de suas funções e "convidado" a retornar à Alemanha. Um abade mais jovem foi nomeado para substituí-lo.

Marcelo chegou ao mosteiro justamente na época em que estava se processando a substituição dos abades, com o mais jovem assumindo a direção. Ao manifestar sua vontade de retomar a vida monástica como noviço, foi persuadido pelo novo diretor a esperar mais um pouco.

"Ele me disse que eu ainda era muito jovem, que podia manter o contato constante e regular com o mosteiro, mas que devia esperar algum tempo para ser aceito na comunidade. Quando eu completasse 18 anos, poderia entrar, sem problema."

Começou então uma convivência entre o aluno da escola agrotécnica – e futuro seminarista – e o mosteiro vizinho. Marcelo aproveitava seu tempo livre para estar com os monges, e às vezes chegava a matar algumas aulas da escola para fugir para o mosteiro e aprender com seus novos amigos, todos muito mais velhos do que ele. A amizade foi mais forte com o velho abade que havia sido punido, um alemão de 84 anos. Ele, meio isolado, encontrou em Marcelo um jovem interlocutor interessado em sua sabedoria, que acabou sendo a única pessoa que o ajudou a se abrir.

"Não para contar as histórias das questões do mosteiro, que isso ele não comentava de jeito nenhum, mas para criar uma relação de amizade, porque ele era um monge muito rigoroso consigo mesmo. Alemão, acordava todos os dias às duas horas da manhã para rezar, jejuava permanentemente – era magérrimo –, mas encontrou em mim um amigo disposto a aprender. Quando eu comecei a me aproximar dele, ele me perguntou do que eu gostava, e eu respondi que gostava de contar histórias."

Criou-se um hábito singular entre o jovem aspirante a noviço e o velho abade setenta anos mais velho: ele se sentava numa cadeira de balanço, Marcelo sentava-se no chão ao lado dele e desfiava histórias em seqüência, que às vezes se estendiam por toda a manhã. Às vezes o monge também resolvia contar algumas histórias de seu passado de religioso, e a amizade entre os dois foi se estreitando cada vez mais.

FINALMENTE: O INGRESSO NO MOSTEIRO

Quando Marcelo completou 18 anos, foi finalmente admitido no mosteiro, mas em vez de ficar ali na região da escola agrotécnica, foi para o mosteiro de Olinda, que era a matriz ao qual o pequeno mosteiro estava subordinado. Lá estava também o velho monge, a essa altura ainda mais idoso e adoentado. Ele havia solicitado a seu superior que designasse um jovem noviço para lhe fazer companhia, porque não conseguia mais andar nem se levantar sozinho, em razão da idade e da doença. Marcelo conta:

"Foi uma loucura para mim, porque ele já quase não dormia à noite, e com isso não me deixava dormir também. Quando eu estava quase pegando no sono, por volta de duas horas da manhã, ele me acordava perguntando que horas eram e dizia que queria caminhar... E lá saíamos nós pelos pátios do mosteiro nos horários mais incomuns. Eu precisava atendê-lo em suas necessidades, afinal ele era um velho abade."

O velho monge, já perdendo a lucidez por causa da idade avançada, esquecia-se de que era diabético, sentia fome nos horários também mais inesperados, e dizia para seu fiel assistente: "Eles não me deram comida hoje, acho que estão querendo me matar de fome." E Marcelo respondia que ele tinha se alimentado, que tinha sido ele mesmo que trouxera sua comida. E o velho retrucava: "Se você está me dizendo, eu acredito, porque você é meu amigo, mas eu não me lembro."

A convivência prosseguiu até a morte do velho abade, que acabou sendo uma marcante e inesquecível experiência para Marcelo, tanto do ponto de vista existencial quanto do ponto de vista espiritual.

"Ele morreu comigo, sozinho no quarto. Foi a primeira vez na vida que eu vi alguém morrer. Não que tenha sido alguma espécie de trauma, mas foi uma experiência que nunca mais esqueci."

OS VOTOS MONÁSTICOS E O CONCÍLIO VATICANO II

Marcelo seguiu com sua rotina no mosteiro até fazer os votos monásticos, fato que aconteceu na mesma época em que terminava o Concílio Vaticano II, em Roma.

Esse concílio talvez tenha sido o momento mais significativo na história da Igreja Católica, porque o papa João XXIII, um sacerdote discreto mas profundamente versado nos mistérios da espiritualidade, teve a coragem e a capacidade de mexer e questionar conceitos, rituais e atitudes que transformaram radicalmente a face da instituição em todo o mundo.

Estudiosos do tema são unânimes em afirmar que o Concílio Vaticano II foi um marco nas relações internas e externas da Igreja, principalmente por sua abertura ao ecumenismo, pela mudança profunda nos rituais, em especial na mudança que se processou na forma como a missa era rezada. A opção pela língua de cada país em vez do latim, a colocação do celebrante de frente para os fiéis, entre muitas outras mudanças, transformou a forma de os católicos se relacionarem com seu ritual mais assíduo e importante.

Marcelo se considera definitivamente marcado por essa mudança. Ele conta que durante o concílio, conforme iam surgindo as novas diretrizes e elas eram discutidas entre os monges de seu mosteiro, com cada um tomando uma posição favorável ou contrária às mudanças, ele se percebia totalmente identificado com a nova direção que sua Igreja ia tomando, de acordo com as orientações do papa João XXIII. Marcelo já tinha opiniões firmes a respeito de diversos temas, mesmo antes de as reformas serem propostas.

"Eu já tinha uma posição extremamente crítica em relação à hierarquização da Igreja, por exemplo. Tinha críticas ao moralismo, além de várias outras críticas a temas com os quais eu não concordava. Eu tinha meus 20 anos na época e desde então percebi que queria ser monge, sim, mas um monge diferente. O ecumenismo era outra posição que me mostrava que eu não ia pelo caminho mais fácil e cômodo. Minha opção por um caminho mais libertário, aberto, ecumênico se fez desde o início do meu compromisso com minha opção religiosa."

Como que para confirmar essa sincronicidade com as mudanças resultantes do Concílio, a ordenação monástica de Marcelo e mais cinco colegas de mosteiro aconteceu exatamente no mesmo dia em que se encerrava em Roma o Concílio Vaticano II, a essa altura já presidido pelo sucessor de João XXIII, o papa Paulo VI. A fala de encerramento do papa serviu e serve de leme para ele até os dias de hoje: "Para encontrar Deus, é preciso em primeiro lugar encontrar o ser humano."

DOM HÉLDER E DOM BASÍLIO: OS FORMADORES

E a resposta a essa sua opção pelo humanismo e pelo ecumenismo não demoraria a aparecer: pouco mais de dois anos depois, em 1966, ao chegar na portaria do mosteiro, soube que alguém havia ligado para ele. A pessoa que atendeu explicou que Marcelo estava longe do alcance do telefone e pediu ao interlocutor que voltasse a ligar dentro de dez minutos; ao lhe transmitir o recado, falou meio em tom de brincadeira que era "um amigo" que tinha ligado, para dizer logo em seguida que era o arcebispo de Olinda e Recife, dom Hélder Câmara.

Marcelo pensou primeiro que o telefonema poderia ser um trote, uma brincadeira de algum amigo, porque não podia imaginar o que dom Hélder poderia querer com ele. Dez minutos depois, porém, o telefone tocou de novo, e as dúvidas desapareceram:

"O jeito dele de falar era inconfundível e, ao atender o telefone, tive certeza de que não era um trote ou uma brincadeira de amigos. Ele me perguntou se eu poderia ir à casa dele no dia seguinte, às oito horas da manhã. Dom Hélder me disse até que tinha tentado falar com dom Basílio Penido, meu superior no mosteiro, para avisá-lo do convite, mas que não havia conseguido encontrá-lo, e pediu que eu lhe transmitisse o recado."

É interessante perceber como dois superiores de características tão distintas foram importantes na vida e na formação de Marcelo Barros. Embora ele tenha sempre se identificado com a linha ecumênica e pluralista de dom Hélder e tenha tido discussões acaloradas com dom Basílio, que tinha uma postura bem mais conservadora, não hesita em atribuir a ambos a responsabilidade fundamental pela sua formação religiosa. Até nisso Marcelo é pluralista:

"Dom Basílio era uma pessoa excelente, extremamente humano. Bastante tradicionalista, às vezes até reacionário. Tivemos longas e acaloradas discussões, brigávamos muito por nossos pontos de vista tão diferentes, mas eu vivia no mesmo mosteiro que ele, que era meu prior, e reconheço que foi um dos marcos da minha formação religiosa. Ele era filho de militares, apoiava o Golpe de 1964, e eu sempre me mantive fiel às minhas raízes operárias. Nossas origens eram totalmente diversas, quase opostas, mas mesmo assim eu sentia nele um enorme respeito pelas minhas posições, mesmo não concordando com elas. Esse tipo de respeito é cada vez mais raro no mundo, e eu até hoje o tenho em alta estima, por tudo isso."

Um outro episódio que caracterizou a dimensão humana de dom Basílio ocorreu quando o mosteiro serviu de abrigo para Diógenes de Arruda Câmara, então secretário-geral do PC do B, perseguido pela ditadura. Dom Basílio o acolheu com toda a hospitalidade possível, independentemente das diferenças ideológicas, e encarregou Marcelo de ser o zelador da segurança e do isolamento do refugiado, responsabilizando-se por sua alimentação e até pelos horários em que seria possível levá-lo para caminhar, já que só o prior e o monge sabiam que ele se encontrava no mosteiro.

A estadia de Diógenes ali durou mais de um ano e acabou sendo um outro marco na vida de Marcelo.

"Era um homem austero, absolutamente ateu e materialista, contra a religião, mas sempre disposto a viver e a morrer na defesa de suas convicções. Ao mesmo tempo, encontrava-se abrigado num mosteiro beneditino, que era o que poderia haver de mais sacro em termos de refúgio para ele, sem que isso representasse nenhum problema ou conflito. Nós tínhamos criado um código para que eu me identificasse ao bater na porta, usando uma seqüência de pancadas pouco usual. Nunca, em nenhum momento do dia ou da noite, houve uma só vez em que eu não o encontrasse lendo, ou escrevendo. Sua conduta acabou ajudando a marcar e a definir minha opção ideológica."

Vários outros refugiados políticos também foram abrigados no mosteiro naquela época, mas foi Diógenes de Arruda Câmara quem marcou definitivamente o jovem monge. Somente muitos anos mais tarde ele teria amadurecimento suficiente para entender muitas das palavras que ouvira do velho revolucionário.

Nessa época, por volta de seus 22 anos, Marcelo ainda era apenas monge, sem ter sido ordenado padre. Essa sutil diferença entre o monge e o padre talvez não seja conhecida da maioria das pessoas, mas a explicação é simples: o monge faz um voto de vinculação com a ordem à qual deseja se filiar, e essa vinculação não pressupõe nenhuma erudição maior da parte do candidato; existem até monges quase analfabetos, vivendo uma vida de renúncia, oração e trabalho, que podem passar a vida inteira sem serem ordenados padres. A partir da Idade Média, a Igreja, visando aumentar seu rebanho de pastores, é que manifestou interesse em trazê-los para perto de si ao prepará-los para o ordenamento, que pressupõe um preparo intelectual e teológico maior do que o que exige a simples vida monástica.

O APRENDIZADO COM DOM HÉLDER

Voltando a dom Hélder, no dia seguinte Marcelo foi ao seu encontro na hora marcada, e a principal curiosidade da entrevista do arcebispo de Olinda e Recife com ele era confirmar a informação de que ele freqüentava uma Igreja da Assembléia de Deus todas as quintas-feiras, quando seus colegas de mosteiro aproveitavam para ir à praia.

"Realmente, enquanto meus colegas aproveitavam os momentos de folga para dar um mergulho no mar ou jogar bola na praia de Pau Amarelo, eu tirava meu tempo para ir a uma pequena congregação da Assembléia de Deus, numa comunidade de pescadores da região. Toda quinta-feira eu estava lá, e acabei me tornando quase alguém da comunidade deles. Um de seus freqüentadores era o caseiro do mosteiro, portanto eles sabiam da minha condição de monge e me acolhiam fraternalmente assim mesmo."

Dom Hélder perguntou também a respeito de um terreiro de candomblé ao qual Marcelo ia eventualmente na região. Já preocupado com a direção que a entrevista tomava, ele achou que seria repreendido pelo arcebispo em função de suas "escapadas" religiosas. Qual não foi sua surpresa ao receber um convite do "Dom", como o chamavam carinhosamente, para assessorá-lo na questão do relacionamento com as outras igrejas e religiões:

"Eu estou justamente em busca de alguém para me ajudar na relação com as igrejas, e acho que você é essa pessoa. Gostaria que você me assessorasse nessa área."

Surpreso e considerando-se despreparado para a função para a qual estava sendo convidado, Marcelo tentou esquivar-se da responsabilidade, argumentando com dom Hélder sobre seu pouco preparo para o cargo.

"Eu disse a ele que não entendia disso e que não me considerava preparado para uma missão de tal envergadura."

A resposta foi mais uma vez inesperada e bem-humorada:

"Não tem problema. Vamos combinar assim: eu assessoro você e você me assessora!"

A essa altura, não havia mais como contra-argumentar com o arcebispo. O jovem monge, meio surpreso e assustado, concordou com a empreitada e passou a ser assessor de dom Hélder Câmara para assuntos inter-religiosos.

O convite acabou por representar uma abertura ansiada e necessária para Marcelo, que, apesar de toda a franqueza com que mantinha o relacionamento com seu superior dom Basílio, ainda se sentia muito restringido em suas atividades de maneira geral. Quando uma vez manifestou a ele sua vontade de ir viver em uma comunidade carente, porque considerava o mosteiro muito isolado, dom Basílio, mesmo não concordando com sua atitude e não se dispondo a procurar um local, respeitou sua vontade e lhe disse que, se achasse um local que o satisfizesse, teria a sua autorização.

Ainda assim, Marcelo enfatiza mais uma vez o respeito que sempre teve por dom Basílio:

"Sei que ele foi a pessoa de quem mais discordei e com quem mais briguei na vida em função de divergências ideológicas e teológicas. Mas, ao mesmo tempo, eu sempre o respeitei profundamente e nunca me senti desrespeitado por ele em nenhum aspecto."

Investido do cargo de secretário de dom Hélder Câmara para assuntos de ecumenismo e diálogo inter-religioso, Marcelo passou oito anos comparecendo todas as quartas-feiras às reuniões no Secretariado Arquidiocesano da Pastoral, no bairro central da Boa Vista, onde ficava o centro Diocesano. O arcebispo havia organizado a Pastoral de acordo com as diretrizes da CNBB, dividindo a atuação em seis linhas: integração dos organismos; ação missionária; catequese; liturgia; ecumenismo; e ação social.

Durante oito anos, de 1967 até 1975, Marcelo Barros trabalhou ao lado da sempre simpática e imprevisível figura de dom Hélder Câmara, e atribui a ele uma grande parte de seu aprendizado no lidar com as pessoas e as instituições.

Em 1969, o próprio dom Hélder foi quem o ordenou padre e lhe arranjou mais uma incumbência: integrar a Comissão Diocesana de Pastoral da Juventude. Para transformar esse novo encargo em uma experiência de vida, Marcelo passou a morar com os jovens que orientava até o ano de 1975.

EM BUSCA DE NOVOS CAMINHOS

No fim desse mesmo ano, teve seu interesse despertado pelo trabalho realizado por uma comunidade beneditina chamada "Mosteiro da Anunciação do Senhor", que atuava em Curitiba, e decidiu juntar-se ao grupo, que desenvolvia uma atividade junto às comunidades carentes da capital paranaense, vivendo no meio dos pobres e realizando ações pastorais e sociais junto a eles.

Comunicou sua decisão ao "Dom", que, embora lamentando a perda do colaborador, percebeu que não podia e não devia tolher e restringir a saudável inquietação de seu pupilo.

Foi então que começou uma outra etapa de seu trabalho, identificando-se profundamente com esse grupo de religiosos de sua ordem e estreitando seus vínculos com eles e com a atividade que realizavam.

No fim de 1977, o grupo resolveu transferir-se para a cidade de Goiás Velho, antiga capital do estado do mesmo nome e conhecida por sua bela arquitetura colonial e também por ser a terra natal da poetisa Cora Coralina.

De início, mais uma vez instalaram-se no meio dos bairros carentes da periferia, passando a morar numa modesta casa que fazia as vezes de sede do mosteiro. Todos eram muito queridos pelos pobres da região, que viam na corajosa opção de convivência e coabitação escolhida por eles um sinal de verdadeira integração e preocupação com os menos favorecidos.

Depois de alguns anos, sentiram a necessidade da construção de uma sede adequada ao mosteiro, que até então se resumia à modesta casa em que haviam se instalado quando chegaram, mas continuaram com a convicção de que o local da sede continuaria a ser na região mais pobre e carente da cidade. Conseguiram um terreno e aos poucos foram levantando as moradias que lá estão até hoje, de construções bonitas, mas modestas em sua concepção, todas de tijolos aparentes.

Logo em seguida veio o convite para assumir a Secretaria da Comissão Pastoral da Terra, na qual veio a travar e estreitar contato com outra grande figura da Igreja Católica progressista, dom Tomás Balduíno, de quem é amigo até hoje. Ocupou esse cargo até o ano de 1990, circulando com desenvoltura e dinamismo entre as diversas entidades que se ocupam da questão agrária no Brasil, outro terreno complexo e muito mal compreendido pela maior parte da população. Até hoje assessora diversas entidades ligadas à questão da terra, como o MST, e acabou por desenvolver um ramo próprio dentro da Teologia da Libertação, que batizou de "Teologia da Terra".

Ao mesmo tempo, aprofundava-se nos estudos de teologia e passava a fazer parte do Centro Ecumênico de Estudos Bíblicos (Cebi), como teólogo e biblista, entidade com a qual colabora até hoje.

PRIOR DO MOSTEIRO

Até 1985, o prior do mosteiro era o monge Felipe, que, sentindo o peso da idade, procurou Marcelo e sugeriu que ele assumisse a liderança da comunidade. Ele aceitou mais essa empreitada, ressaltando ainda mais em sua gestão a vertente ecumênica da casa que agora dirigia. Uma das características mais interessantes do mosteiro é que lá não existe a clausura: todas as portas ficam abertas, das cinco da manhã às dez da noite, e todos os freqüentadores, sejam religiosos ou leigos, podem circular pelas dependências da instituição sem nenhum tipo de restrição.

Para alguns irmãos que optaram pela experiência do isolamento, foram construídas duas outras moradias mais afastadas da sede principal, uma para monjas e outra para monges. Atualmente, apenas uma monja e um monge exercem essa opção e, embora tenham uma existência mais isolada em relação ao restante do grupo, convivem com os demais integrantes da comunidade durante o horário das refeições.

O cargo de prior acabou facilitando para Marcelo a implementação de práticas e atitudes coerentes com sua postura ecumênica e pluralista. A igreja do mosteiro, construída em formato circular, é quase toda composta de paredes abertas, para simbolizar a abertura às outras crenças religiosas. As obras de arte, como o Cristo e outros ícones religiosos, foram feitas por artesãos da região em materiais rústicos como troncos de árvores e pedaços de madeira; a pia batismal fica no meio da Igreja, e muitas vezes as celebrações são conduzidas em meio a cânticos e danças circulares, além de incorporar tons indígenas e afro-brasileiros aos rituais.

O mosteiro está permanentemente aberto às manifestações de outras correntes religiosas, até mesmo aquelas classificadas como "New Age", e muitas vezes são feitos retiros e seminários tendo como convidados sacerdotes da umbanda ou do candomblé, ou adeptos de Saint Germain, estudiosos da astrologia e de outras correntes esotéricas. A abertura e a fraternidade irrestritas parecem ser o fio condutor dos eventos e das celebrações.

Bem em frente ao mosteiro encontra-se um terreiro de umbanda, cujo dirigente chegou a ser noviço da casa e discípulo de Marcelo antes de descobrir seus dons mediúnicos e optar pela religião afro-brasileira. Hoje são amigos, um freqüentando a igreja do outro, levando consigo seus fiéis nesse intercâmbio.

Em geral, a vigília de Páscoa do sábado de Aleluia é precedida de uma visita ao terreiro, no qual é realizada uma Gira de Caboclos que festeja o fim da Quaresma entre os umbandistas. Depois, os freqüentadores da casa rumam para o mosteiro, onde vêem a manhã nascer e celebram a ressurreição de Jesus junto a seus co-irmãos católicos.

Muitas reuniões de comissões do MST também têm o mosteiro como sede, e os lavradores da região estão sempre presentes em outras reuniões mais informais, nas quais recebem assessoria e aconselhamento dos monges nas questões essenciais ligadas à vida no campo.

Marcelo é também um amigo íntimo da mais respeitada mãe-de-santo do candomblé da Bahia, Mãe Stella de Oxóssi, dirigente do Ylê Axé Opô Afonjá, citado em vários romances de Jorge Amado. Em uma ocasião, Mãe Stella pediu a ele que recebesse uma filha-de-santo sua para um retiro no mosteiro, já que ela se encontrava numa crise de identidade religiosa. Lá chegando, a moça queria ser consagrada pelos rituais católicos do mosteiro, mas foi suavemente convencida por Marcelo de que já havia sido consagrada na sua própria fé e de que não haveria necessidade de um outro ritual desse tipo.

Depois de algum tempo de retiro, ela voltou à Bahia e à sua religião de origem com a alma tranqüilizada pela experiência ecumênica que havia vivenciado no Mosteiro da Anunciação do Senhor.

VIDA E MILITÂNCIA: COERÊNCIA E TRANSPARÊNCIA

No ano de 2005, o mosteiro passou por um processo de profundo questionamento coletivo, e Marcelo achou que era hora de abdicar da posição de prior. Levou a questão a seus companheiros de comunidade e pediu que aceitassem sua saída da direção da casa. Suas intensas atividades de palestrante e assessor de tantas entidades operárias e teológicas o fazem viajar constantemente pelo Brasil e pelo exterior durante meses a fio, e ele se sentia desconfortável por não poder assumir a condição de prior como achava que deveria.

Desde então voltou a ser mais um monge entre muitos da comunidade, com a diferença de que está constantemente se deslocando por toda parte, ministrando cursos, palestras e seminários e mantendo a coerência e a abertura que sempre o caracterizaram, desde seus tempos de noviço em Olinda.

Uma de suas principais atividades é a de ser um dos três teólogos que compõem a Comissão Teológica Latino-Americana da ASETT (Associação Ecumênica dos Teólogos do Terceiro Mundo), na qual desenvolve uma pesquisa sobre a relação entre a Teologia da Libertação e a Teologia do Pluralismo Religioso. Não costuma ser muito bem compreendido pelas alas mais conservadoras da Igreja Católica e já se acostumou com as constantes "broncas" que leva de superiores hierárquicos por causa de sua abertura e de seu pluralismo.

Mas a frase que sempre carrega como lema de vida e que parece ser sua bandeira resume de forma simples e ao mesmo tempo profunda sua visão da religião e da espiritualidade:

"Acho que, no Universo, só existe um Absoluto, que é Deus. O resto é tudo relativo, incluindo minha religião."

Monja Coen

QUEM É

Cláudia Dias Baptista de Souza nasceu e foi criada em uma família católica, tendo sido educada em colégio de freiras durante toda a sua vida de estudante. Sua infância e adolescência transcorreram na mais completa normalidade, sem nenhum tipo de envolvimento espiritual mais profundo do que a prática da religião católica.

O primeiro sinal de algum tipo de apelo especial se manifestou durante a adolescência. Ela conta o episódio, que considera um marco do início de sua vida espiritual:

"Quando eu tinha por volta de 13 anos de idade, tive um sonho em que eu me via tomando café com as freiras e com Jesus. Resolvi contá-lo a uma das madres responsáveis por minha educação, que interpretou o sonho como 'um chamado'. Eu achei aquilo tudo muito lindo e fui conversar com meu pai, que era ateu. Ele tomou um susto e não gostou da idéia, porque tinha uma postura muito crítica em relação a todas as religiões. Meu pai dizia que a maioria dos religiosos pregava uma coisa e fazia outra."

Embora o pai não hostilizasse a prática religiosa da esposa e da filha, ele próprio era ateu e não tinha a menor simpatia pela vida religiosa. A força de seus argumentos contrários acabou por desencorajar a possível opção da jovem Cláudia e foi decisiva para que ela tirasse aquela idéia da cabeça. O assunto "Deus" não existia e não despertava interesse em seu pai, e o projeto não foi adiante. Tudo cortado pela raiz. Que "vocação" coisa nenhuma.

O casamento veio muito cedo, aos 14 anos, e com ele, sem nenhum motivo aparente, surgiram os questionamentos acerca das obrigações católicas: por que tinha de ir à missa todos os domingos? Resolveu que não iria mais e comunicou à mãe sua decisão, afirmando que não entendia aquela obrigação. Daí em diante, por muitos anos ela passou a repetir as assertivas do pai: não tinha religião, desconhecia o tema "Deus", e assim viveu os 14 anos seguintes.

Ao mesmo tempo, a pergunta ressoava em sua cabeça: quem é Deus? O que é Deus? Quem é essa entidade que os católicos chamavam de Deus? Embora negasse a religião católica e se recusasse a seguir seus preceitos, com freqüência deparava-se com esses questionamentos.

O trabalho como jornalista acabou afastando novamente essas questões de sua vida. O emprego no *Jornal da Tarde* e a diversidade de experiências que a atividade de repórter lhe proporcionava abriram ainda mais a mente da jovem profissional, como ela mesma diz:

"Trabalhar na reportagem geral expande nossos canais de percepção, porque conhecemos diversos tipos de pessoas, de tantas origens e histórias de vida diferentes. Você vai para o Sul do Brasil e encontra um tipo de gente, vai para o Nordeste e parece que está em outro país. São Paulo mesmo é de uma diversidade impressionante. Entrevistamos pobres carentes, nobres e rainhas, e então a consciência social também começa a se manifestar."

Um colega de redação resolveu presenteá-la com um livro de Trotski. Embora a perspectiva da justiça social se apresentasse de forma clara nessa leitura, mesmo que por meio de uma ditadura do proletariado, mais adiante o desvirtuamento dos que assumiam o poder e se "aburguesavam" se assemelhava ao "dizer uma coisa e fazer outra" dos religiosos de seu tempo de adolescente. Ela concluiu, portanto, que não adiantava fazer a revolução de fora para dentro, se não se conseguia operar uma transformação interna no ser humano.

PÉ NA ESTRADA

O passo seguinte foi a saída do jornal e uma viagem para Londres, que, na opinião da própria Cláudia, desempenhou o papel de "espelho mágico" em sua vida. A experiência de transformação espiritual vivida por ela se deu de acordo com as expectativas e possibilidades características da geração *flower power*, aquela nascida entre os anos 1940 e 1950. A jornalista e atéia por formação teve sua primeira experiência mística durante alguma das "viagens" de LSD, que consumiu enquanto morava na Inglaterra. Nada mais típico dessa geração que contestou todos os valores da sociedade de então por meio da busca da expansão da consciência, proporcionada pelas drogas psicodélicas e as filosofias orientais.

Mesmo nas viagens de ácido, porém, a pergunta se apresentava novamente:

"Eu tomava o ácido e começava a me perguntar: 'Cadê Deus?' E numa dessas viagens, acompanhada por um amigo próximo, fui tomada pela experiência mística: aquilo que os estudiosos dos estados alterados da mente chamam de "consciência de unidade", na qual você não vê separação entre o que existe no mundo e na vida. Eu lembro que, no teto da casa em que estávamos, havia uma luz que vagava, e disse a mim mesma: 'Aí está Deus! E ele está falando comigo!' Essa intimidade com Deus foi uma coisa maravilhosa!"

Deus não só estava ali, como também falava com ela. Desse dia em diante, para Cláudia a afirmação deixou de ser "eu acredito" e passou a ser "eu sei, eu encontrei, eu vi". Depois do impacto dessa experiência, ela chegou à conclusão de que Deus não é Algo em que se deva acreditar ou não, é Alguém com quem precisamos nos encontrar. Isso tudo foi muito forte naquele momento.

Segundo Cláudia, "essa experiência foi realizada com um elemento estranho ao corpo – a droga –, e aos poucos esta foi se diluindo". Anos mais tarde, aprendeu a meditar, ainda à procura por alguma explicação para suas dúvidas e questionamentos.

"Eu era nervosa, brava, irritadiça, batia portas o tempo todo; era uma estressadinha!", ela fala, rindo de si própria.

Depois de um ano e meio em Londres, Cláudia retornou ao Brasil para ficar com a filha, e voltou à redação do *Jornal da Tarde*, onde havia trabalhado. Lembra-se com bom humor do pedido de demissão que fez quando resolveu botar o "pé na estrada":

"Eu me lembro de que primeiro saí de licença por seis meses, sem me desligar do jornal. Depois, quando já estava em Londres, escrevi uma carta toda colorida, meio psicodélica, para meu chefe pedindo demissão e explicando que eu iria em busca de outras experiências pelo mundo afora, mas no fundo era a mesma busca espiritual que me movia. Quando voltei, depois de um ano e meio em Londres, fui visitar o jornal e fui muito bem recebida na redação. Meu chefe até me disse: 'A casa é sua, se quiser voltar, seu lugar está garantido.'"

Quando foi conversar com o chefe de redação, a conversa foi mais objetiva e realista. Ele pediu a ela que, se fosse para voltar, era para ser de forma plena e total. Mas, como Cláudia queria antes de qualquer coisa passar o maior tempo possível com a filha, preferiu não assumir o compromisso. Lembrou que o trabalho em jornal demandava muito de seu tempo, não tinha hora nem dia e não era isso que tinha planejado fazer na sua volta ao Brasil.

Começou a dar aulas de inglês para ganhar algum dinheiro, e acabou se reencontrando com seus primos Sérgio e Arnaldo Baptista, de Os Mutantes, com quem fez algumas viagens acompanhando o grupo em shows e apresentações. Quando o cantor americano Alice Cooper veio tocar no Brasil, foram todos juntos ao show, e então ela iniciou um romance com o jovem americano encarregado da iluminação.

Com o romance veio o convite para ir com ele para a Flórida, que Cláudia aceitou de imediato, indo morar em Cocoa Beach. Envolveu-se com o trabalho do namorado e passou a ser assistente de iluminação dos numerosos shows que ele fazia. Enrolava e desenrolava os cabos dos refletores, vivia no *backstage* dos palcos de artistas famosos e se divertia muito com tudo isso. Em certo momento, resolveram tentar ir morar no Brasil, e voltaram para São Paulo.

As tentativas de adaptação, no entanto, não deram certo, mesmo depois de muita insistência. Além disso, o irmão do namorado, que também era iluminador, sofreu um acidente com o caminhão que transportava todos os equipamentos, causando perda total do material, que não estava segurado. Essa foi a razão para retornarem aos Estados Unidos, só que com a opção de tentar morar na Califórnia, em vez de na Flórida.

Primeiro foram para São Francisco e depois para Los Angeles, onde o namorado finalmente conseguiu retomar suas atividades de iluminador, trabalhando com cinema. Foi nesse momento que ela acabou conseguindo um emprego no Banco do Brasil.

Quando ganhou de presente do namorado o livro *Autobiografia de um iogue*, de Paramahansa Yogananda, Cláudia sentiu despertar seu interesse em conhecer melhor o trabalho desse que foi o primeiro dos grandes mestres iogues a vir para o Ocidente ensinar a técnica da Kriya Yoga. Começou a freqüentar a Self Realization Fellowship – instituição fundada por Yogananda – com assiduidade, aprendeu as técnicas, fazia com dedicação as lições por correspondência e tudo o que lhe era requerido. Só tinha uma pequena frustração: desejava sentar-se em posição de lótus, e as práticas meditativas da instituição eram realizadas em cadeiras tradicionais, à moda do Ocidente.

Na mesma época, ganhou de presente de um vizinho um livro sobre as ondas mentais alfa, uma obra que continha entrevistas com várias pessoas, entre elas um monge zen. A repórter que realizou as entrevistas indagou ao monge sobre a possibilidade de se atingir o "estado alfa" por meio de eletrodos e indução em vez de se utilizar a prática meditativa. E ele afirmava que isso era possível, mas que na sua visão seria como "entrar numa casa pela janela".

Essa frase teve um grande impacto na moça, que imediatamente saiu em busca do Zen. Como residia em Los Angeles, não foi difícil achar um local que oferecesse as práticas do zen-budismo.

Cláudia já lera alguma coisa sobre os centros zen da Califórnia, estava interessada no assunto e até tinha feito uma matéria jornalística sobre as comunidades alternativas da época, na qual mencionava os grupos zen-budistas da região.

"Eu achei nas listas telefônicas o endereço do Zen Center de Los Angeles, peguei um táxi, e cheguei ao templo, onde havia uma jovenzinha de cabelos compridos que ensinava as técnicas de meditação. Entrei naquela sala e disse para mim mesma: 'É aqui!' O cheiro do incenso que ela acendeu, uma mistura de pinheiro com sândalo, e a maneira como ela falava sobre a prática de meditação com os olhos entreabertos me fizeram sentir que tinha encontrado um lugar com o qual me sentia totalmente identificada.

Cláudia sentia dificuldade na meditação de olhos fechados, feita por meio de visualizações, como lhe tinha sido ensinado na prática hindu. Por conta própria, havia decidido meditar com os olhos entreabertos e ficou feliz em saber que também se podia meditar dessa forma.

O vizinho que a acompanhara até o centro de meditação ficou tão assustado com a rápida adesão da amiga àquele local que tentou argumentar com ela que era preciso primeiro ter mais informações sobre as pessoas e a orientação do centro antes de decidir freqüentá-lo.

Não seria necessário. Cláudia já tinha dentro de si a certeza de que chegara ao lugar certo. Uma experiência até hoje inexplicável a fez ter mais certeza disso: no momento em que entrou na sala de meditação, viu um senhor de origem japonesa todo vestido de branco, que entrou na sala ao lado e meditou durante o mesmo tempo que ela o fazia.

Só que o mestre que viu jamais faria o que ela achou que ele tinha feito: ele jamais entraria por aquela porta porque havia um armário bloqueando sua passagem, e nem meditaria com os alunos. Também não era seu hábito usar roupas brancas, principalmente nessa situação. De qualquer maneira, ela não teve dúvidas de que estava naquele lugar por causa daquele homem.

Decisão tomada, Cláudia passou a praticar o Zazen, que é a prática de meditação do zen-budismo. E tudo o que havia experimentado antes em termos de transcendência, proporcionado pelas viagens de ácido lisérgico, ela passou a experimentar na meditação. Nas palavras dela:

"A experiência acabou se tornando uma realidade sem ácido, sem nada. É um penetrar num encontro com o sagrado, que nós no budismo não chamamos de Deus, e que se manifesta em tudo o que existe. É a 'natureza Buda'. E ela está presente na parede, no chão, no cachorro, na porta, na árvore. Depois de vários pequenos retiros, fiz um de sete dias no qual tudo isso foi vivido de forma plena. Como estava encarregada de ser a atendente do meu mestre, precisei levar um incenso para ele. Eu chorava copiosamente, mas não um choro de tristeza: eu chorava de alegria, de felicidade. Era uma comoção linda! Durante esse retiro, tive a certeza de que queria me tornar monja."

O PREPARO E A ORDENAÇÃO

Ao se dirigir a seu mestre para comunicar sua decisão de se tornar monja, Cláudia foi surpreendida pela resposta do mestre japonês. Expressando-se em inglês, ela disse a ele que desejaria se tornar uma *nun* (freira), e recebeu de volta a resposta de que no centro que ele dirigia não havia *nuns*, e sim *monks* (monjas). Todos lá eram monges e monjas, não havia freiras.

Uma pressão forte ainda viria perturbar a decisão final da ordenação, e vinha de seu núcleo familiar: a família no Brasil, sobretudo a mãe, ao saber da decisão da filha, ficou muito desgostosa. A família era de origem católica, e se a filha quisesse abraçar a vida religiosa, deveria fazê-lo na sua religião de origem, e não se tornar uma religiosa budista. Os protestos foram numerosos, porém a mãe foi a mais resistente à novidade.

A força da educação religiosa católica também se fez presente na cabeça da futura budista: no início Cláudia lembrou-se da questão da excomunhão, da "traição" que estava fazendo a Jesus, e a culpa bateu, mas felizmente não permaneceu muito tempo.

"O que aconteceu? Eu tinha uma formação cristã, e imediatamente pensei nas conseqüências de meu gesto. Tive a sensação de ver minha avó diante de mim dizendo que eu traíra Jesus e que iria ser excomungada."

Um dia, durante uma meditação, ocorreu-lhe a noção de que Buda e Jesus se encontravam no mesmo patamar espiritual e que por isso não havia nem haveria uma disputa entre eles pela fé da monja. Cláudia resolveu ligar para a mãe no Brasil e partilhar com ela suas impressões. Acabou ouvindo uma resposta inesperada:

"Minha mãe disse: 'Filha, vá e siga o que chama de Deus; é a Deus que você serve, seja em que religião for, no cristianismo ou no budismo. Abrace a fé que escolheu e receba as minhas bênçãos.' E eu fiquei muito feliz com aquilo, porque no budismo existe uma recomendação do próprio Buda no sentido de que a pessoa não deve ser ordenada se não houver a aprovação dos pais."

Radiante com a mudança de atitude da mãe, Cláudia se dirigiu a seu mestre para contar a novidade, e antes mesmo que pudesse falar qualquer coisa, o mestre puxou a agenda, consultou algumas datas, virou-se para ela e disse: "Que tal 14 de janeiro?" Ela concordou de imediato. Há tempos vinha tentando estabelecer a data para o início de seu curso, mas o mestre desconversava e nada definia.

Cláudia começou então o treinamento intensivo para ser ordenada monja, que no seu caso durou dois anos e meio. Esse tempo variava de pessoa para pessoa. Alguns levavam mais tempo, mas poucos o fizeram no mesmo prazo que ela. Entre os diversos treinamentos que faziam parte da preparação, estava o de costurar à mão suas próprias roupas monásticas.

De início, recebeu os votos de leiga e prosseguiu com a preparação de sua ordenação.

O próximo passo foi passar a viver na comunidade. Durante os três primeiros meses, pagava uma pequena quantia pela hospedagem. Depois, foi contratada pelo centro zen, fez os votos de pobreza e passou a receber 125 dólares por mês como uma espécie de ordenado ou ajuda de custo. Nessa época, eram setenta pessoas morando e trabalhando na comunidade, e essa enorme quantidade de gente acabou motivando o mestre a criar um mosteiro para abrigar tantos monges e monjas. Ele comprou um terreno nos arredores da cidade, virou-se para seus discípulos e sugeriu que voltassem a trabalhar em empregos comuns para ganhar dinheiro e poderem ajudar na construção do mosteiro.

Alguns reagiram de forma radical à sugestão do mestre e abandonaram a comunidade e a vida religiosa. Outros, ao contrário, fizeram imediatamente o que o mestre sugerira: Cláudia se lembra de um biólogo que era especializado em DNA; ele conseguiu um emprego no dia seguinte, e passou a doar integralmente para a comunidade o salário que recebia.

Como ela já se encontrava em treinamento para a vida monástica, seu caso era diferente. Aquele que está para ser ordenado monge mora com o mestre e presta serviços a ele. Cláudia passou então a ser sua secretária pessoal, encarregada de cuidar de tudo o que dissesse respeito às necessidades dele: lavava e passava sua roupa, fazia comida, dava mamadeira para os filhos dele, e tudo feito com uma imensa alegria. Quase não sobrava tempo para dormir ou descansar, mas isso também não fazia falta...

"Que dormir, que nada! Eu me sentia vivendo no paraíso, no céu! Não sobrava tempo para mais nada, e vivia permanentemente em estado de graça, pela perspectiva que tinha pela frente em relação à vida monástica que eu tanto desejava!"

Sua ordenação finalmente aconteceu. Seu único convidado para a solenidade foi o vizinho que a havia presenteado com o livro sobre as "ondas alfa". Em vez de festa, como a maioria fazia, Cláudia preparou um pequeno café-da-manhã mais reforçado, que partilhou com o vizinho. E o tempo era curto, afinal as tarefas ligadas ao serviço do mestre não paravam.

Na cerimônia, recebeu o nome de monja Coen, e imediatamente pediu a seus mestres que autorizassem a ida dela para o Japão. Lera uma revista sobre o Zen, na qual viu uma reportagem com as monjas japonesas da ordem à qual havia se filiado. Seu mestre tentou dissuadi-la da idéia, explicando que a posição da mulher na sociedade japonesa ainda era muito discriminada e que seria uma experiência muito difícil. Outras monjas ocidentais de sua ordem já tinham tentado a mesma viagem e não resistiram à pressão.

Mas a monja estava decidida e insistiu na proposta, até que o mestre finalmente escreveu para o Japão, e a superiora do mosteiro japonês respondeu que só a aceitaria se ela permanecesse pelo menos cinco anos no mosteiro de Nagoya. Suas colegas da comunidade também tentavam dissuadi-la com os argumentos da diferença de línguas e culturas, mas nada parecia capaz de fazê-la desistir da idéia.

O JAPÃO E A VIDA MONÁSTICA

E a monja Coen partiu finalmente para o Japão com uma imagem fantasiosa e idealizada da vida que a esperava por lá. Não houve ninguém que conseguisse convencê-la a não ir. Ela só se lembrava das fotos das monjas japonesas sorridentes e felizes, e estava certa de que iria ser igualmente feliz no mosteiro de Nagoya.

Lembrava-se também dos filmes a que assistira sobre os mosteiros masculinos do Japão, com aqueles corredores enormes e intermináveis, e os monges passando uns pelos outros e fazendo uma solene reverência. Ela achava que ia para um lugar igual àquele.

A primeira decepção veio com o tamanho do mosteiro e a quantidade de monjas: enquanto os masculinos abrigavam duzentos, trezentos monges, o mosteiro para o qual fora tinha no máximo vinte mulheres. A segunda decepção foi quando se deparou com a primeira monja que a recebeu: curvou-se respeitosamente, fez a tal solene reverência que vira no filme, e quando levantou a cabeça deu de cara com uma jovem de 18 anos, que retribuiu com um informal e internacional "Hi!".

"E tudo aquilo que eu havia imaginado e idealizado sobre a vida monástica começou a desmoronar ali mesmo. A realidade era outra: a convivência diária, as dificuldades de relacionamento e as diferenças culturais acentuadas, agravadas pela desvantagem de não saber a língua, tornaram tudo muito difícil e sofrido. Nós nos sentávamos no chão, a perna doía muito, e eu ouvia o que falavam, não entendia nada... Tudo era muito cansativo."

No mosteiro, a única sala em que havia cadeiras era a biblioteca, a qual passou a freqüentar com regularidade, dedicando-se à tradução do inglês para o português de alguns sutras dos livros que encontrou por lá. De qualquer forma e apesar de todas as dificuldades, sentia-se muito bem e feliz, porque havia lido todos os relatos sobre os trabalhos realizados pelo fundador da ordem à qual se filiara, e agora encontrava-se na terra dele.

Nagoya fica a aproximadamente duas horas e meia de Tóquio. É uma cidade grande e movimentada, e o mosteiro se localizava dentro da cidade, e não em algum lugar ermo e deserto nos arredores. Seus vizinhos eram prédios residenciais e comerciais; muitos automóveis trafegavam pela rua. Em suma, uma vida urbana igual a muitos outros lugares do mundo.

Um diferencial eram os templos: a cidade é repleta de templos e a religiosidade faz parte da vida diária de seus moradores. A monja chega a compará-la com Salvador, numa analogia com uma cidade brasileira que tenha o mesmo tipo de atmosfera espiritual.

Os religiosos eram muito solicitados a fazer visitas e preces nas casas e nos locais de trabalho. A atividade era constante e intensa, e essa foi uma das maneiras que a monja Coen encontrou de aprender os costumes e a prática budista local. A fé que ela identificou nas pessoas não diferia em nada do que já conhecia no Ocidente e no catolicismo:

"Quando eu ia rezar na casa das pessoas, ficava impressionada com sua fé, uma fé muito intensa. Faziam promessas, acreditavam em milagres, rezavam muito. A maioria tinha em casa altares em que todos rezavam. Eu aprendi um pouco a ter fé no budismo com essas pessoas, em suas casas. A vida no mosteiro era muito mais voltada para o cumprimento de tarefas, para uma rotina rigorosa, mas esse lado da devoção e da fé eu experimentava durante essas visitas."

Como sempre acontece nesse tipo de formação, havia começado a fase da rigidez e da ortodoxia. A monja Coen começou a ficar muito impaciente com a demora das pessoas a seu redor em seus progressos espirituais. Ela queria que todos se iluminassem logo, imediatamente, e que se esforçassem mais em seus exercícios espirituais. Certa vez levou sua queixa à superiora, que reagiu com um sorriso e depois uma gargalhada.

E ela não entendia por que sua mestra preferia rir a repreender as monjas que, na visão daquela exigente estrangeira, não estavam progredindo como deveriam.

"Minha mestra, que é uma pessoa maravilhosa, só me dizia: 'Não seja rígida como o gelo, seja macia como a água; o gelo não cabe nos lugares, bate, machuca.' Uma outra imagem que ela utilizou logo no início de minha temporada no templo me marcou muito. A monja havia dito que a convivência num mosteiro era semelhante a se colocar pedras numa jarra. O trabalho das dirigentes era o de fechar e sacudir essa jarra; é claro que as pedras iam se chocar umas com as outras e produzir dores, traumas e ferimentos, mas aos poucos todas iriam tomando a forma arredondada, e quando isso acontecesse, ninguém machucaria mais ninguém."

Foram necessários oito anos para que a monja Coen começasse a se "arredondar" e se "amaciar". Sua tendência era sempre achar que estava sendo flexível, mas as outras não; ela é que estava progredindo, mas as outras não; ela é que estava certa, e as outras, erradas. Não conseguia ter a visão do todo e, por incrível que pareça, também não conseguia desenvolver em si mesma a sensibilidade feminina para ter esse olhar mais condescendente.

Como seu mestre havia sido um homem, sua abordagem acabou tomando um viés muito masculino, exigente. Achava que os homens eram melhores "nisso", mais iluminados. Além disso, acabou se tornando discípula do mestre que visitava o templo regularmente, em vez de se tornar discípula das mulheres que dirigiam a casa. Preferia claramente a visão mais dura e exigente, característica da natureza masculina, sobretudo da natureza masculina do homem japonês.

Só depois de oito anos é que começou a compreender a grandeza de visão daquelas mulheres risonhas e compassivas. Estava finalmente se amaciando e se arredondando. Começou a perceber que o que as tornava ainda mais especiais era o fato de que muitas delas vinham de passados difíceis, sofridos e marcados pela discriminação. Nem todas tinham optado pela vida monástica por causa de um "chamado espiritual". Era um último recurso para escapar de uma sociedade que as hostilizava pelas mais diversas razões.

Passados os oito anos em regime de internato, ainda viveu outros quatro em um regime mais aberto, fazendo viagens para se hospedar em mosteiros vizinhos. Um dos de que mais gostava de freqüentar era o que se localizava perto de Tóquio e era dirigido por um irmão de seu mestre de Los Angeles. Quando tinha alguns dias de folga, ia para lá e ajudava nas atividades, sempre aprendendo mais alguma coisa, mesmo que não fosse algo muito agradável.

"Uma das coisas que aprendi com ele foi a fazer enterros. Enterrei tanta gente que aos poucos aprendi a fazer a cerimônia completa, a cuidar de tudo numa situação dessas. A cremação é um ato muito importante do ritual, e eu acompanhava o processo todo, até a devolução das cinzas do falecido para a família."

A monja faz questão de explicar um costume típico japonês e que pode ser mal interpretado no Ocidente:

"Não é verdade que se faça uma festa quando alguém morre, não é esse o sentimento. É verdade que se come e se bebe muito nos enterros, mas é apenas por uma questão de consideração, de hospitalidade. As pessoas às vezes se deslocam de locais distantes para ir ao funeral de um parente, e o mínimo que se pode fazer é oferecer alimento para todos os que vão ao ritual. Criou-se toda uma indústria ao redor dessas cerimônias, com serviços especializados em fornecer a comida que é servida, porque até essa comida é preparada de um modo especial."

Além de auxiliar o monge nas tarefas diárias e prosseguir com seu aprendizado, uma das coisas que mais dava prazer à monja Coen era a possibilidade de fazer um outro retiro num pequeno templo que o monge construíra perto do monte Fuji. Era uma construção pequena para onde ela ia a fim de se isolar e trocar a rotina de constante atividade para dias de silêncio e introspecção. Ela comenta, rindo e brincando:

"Só então pude finalmente realizar aquela minha fantasia de ir para um mosteiro em que eu ficasse sozinha perto das montanhas! E aquilo para mim era o céu! Tanto que meus dois mestres – minha professora em Nagoya e esse monge de Tóquio – perceberam que, quando eu estava lá e eles me chamavam por alguma razão, eu não queria voltar. Eu só falava com os passarinhos e com algumas cobras que encontrava por ali de vez em quando."

A monja se sentia tão plena que até mesmo o cuidado com a alimentação era secundário. Ela se lembra de uma semana em que os únicos alimentos disponíveis eram presunto e maçã.

"Eu passei uma semana comendo só presunto e maçã. Era presunto assado, presunto cozido, presunto refogado... e maçã! E fiquei cada vez mais reclusa, o que despertou a preocupação dos mestres, porque no budismo japonês não existe a vida reclusa. Afinal, eu tinha passado oito anos em treinamento, e não era um treinamento para a reclusão; ao contrário, era voltado para a interação com a comunidade na qual eu estivesse vivendo."

O engajamento social dos monges e monjas era uma parte primordial do aprendizado a que ela tinha se submetido. Era preciso estar em contato com as pessoas para assisti-las no que fosse preciso. A última coisa que os mestres queriam e esperavam era uma atitude de reclusão. Para tirá-la dessa direção, sugeriram uma espécie de pós-graduação em um mosteiro misto.

OS MONGES E AS MONJAS: SEMELHANÇAS E DIFERENÇAS

Apesar da aparente igualdade de condições entre homens e mulheres no budismo japonês, a própria monja reconhece que existem diferenças sutis mas significativas entre os dois grupos. Em geral, os mosteiros femininos são menores em tamanho que os masculinos, e em importância também.

A grande diferença de outras religiões, como o catolicismo, por exemplo, é que as monjas podem oficiar todas as cerimônias e rituais em pé de igualdade com os monges. Elas podem oficiar casamentos, enterros, ter discípulos e discípulas, mas raramente chegam a ocupar cargos no topo da hierarquia religiosa. A forte influência cultural da sociedade machista japonesa ainda predomina nas posições mais destacadas da atividade budista.

E essa diferença se faz notar de maneira ainda mais evidente nas estatísticas religiosas japonesas: os números informam que existem em torno de trinta mil monges no Japão e apenas três mil monjas, ou seja, o equivalente a 10% do total masculino. Uma exceção digna de nota é a de um mosteiro de Taiwan em que existe um número impressionante de monjas, mas sempre se acaba encontrando uma razão de fundo cultural ou social para explicar essa diferença.

Foram essas mesmas razões que provocaram uma mudança profunda nos preceitos do budismo japonês há cerca de duzentos anos, quando ainda era praticado o celibato. Descobriu-se que os monges, apesar da proibição, tinham mulheres e filhos, e as monjas continuavam impedidas de se relacionar sexualmente. O imperador convocou a cúpula religiosa e afirmou que, se os costumes não mudavam, seria mudada a regra, porque a religião era muito importante para o país. E a regra passou a ser que apenas as relações "impróprias" continuariam proibidas. Com isso, liberaram-se tantos os monges quanto as monjas do celibato e permitiu-se o casamento.

Em virtude do forte machismo japonês, entretanto, a questão ainda continuou gerando diferenças entre homens e mulheres, porque a posição da mulher ao se casar é a de se tornar apenas esposa e deixar de lado seus interesses profissionais. Com isso, muitas monjas acabavam abandonando suas atividades religiosas para se dedicar aos maridos e à vida doméstica.

Como resultado, passou a haver uma separação muito nítida entre as monjas que preferiam resistir à idéia do casamento para não perder as prerrogativas conquistadas com a opção pela vida religiosa, e as outras que não resistiam à tentação da vida de casada e por causa disso acabavam tendo sua vida acadêmica e profissional interrompida a partir do momento em que optavam pelo casamento. Mais uma vez a mulher acabou sendo prejudicada por um costume enraizado na sociedade da qual fazia parte, mas a liberação do celibato não retrocedeu por causa disso e permitiu que todas as tradições religiosas originárias do Japão mantivessem o costume de permitir o casamento e a vida sexual das monjas budistas.

De qualquer forma, os números hoje em dia mostram que, enquanto a maioria dos monges é casada e tem filhos, as monjas casadas existem em muito menor quantidade, justamente porque preferem manter o *status* que conquistaram com o estudo e a dedicação à vida religiosa.

PÓS-GRADUAÇÃO EM BUDISMO

A monja Coen partiu então para o seu curso de pós-graduação nesse mosteiro misto. Como conseqüência inevitável desse convívio com os monges, um jovem estudante e seu colega de curso acabou se apaixonando por ela, e depois de algum tempo eles se casaram. Entretanto, ela continuou dedicada aos estudos de especialização e engajou-se numa pesquisa extremamente importante sobre a questão da discriminação social oriunda do sistema de castas hindu.

Descobriram que os próprios textos sagrados que estudavam e pesquisavam traziam essa discriminação evidenciada em narrativas nas quais se descrevia um sermão do Buda feito para "humanos e não-humanos".

A essa altura já havia um grande grupo voltado para o questionamento e o combate a esse tipo de discriminação, e a monja Coen estava plenamente identificada com ele. Deu-se início a um estudo sério sobre as influências culturais específicas que teriam orientado a feitura dos textos dentro dessa moldura discriminatória vigente na época em que tinham sido escritos, e foi proposta uma releitura, na qual essas influências temporais e culturais fossem devidamente filtradas a fim de que os textos sagrados deixassem de ter qualquer viés discriminatório.

A monja acha importante lembrar que o Buda nunca negou o sistema de castas hindu, apenas fez uma leitura diferente dele, segundo a qual o sistema não seria algo rígido e ligado às origens sociais dos indivíduos, mas sim uma conseqüência dos atos de cada um ao longo da vida. Em outras palavras, a pessoa se definiria por uma casta na medida em que tivesse uma atitude condizente com as características daquela casta.

"O Buda dizia: 'Você é tão brâmane quanto forem brâmanes os seus atos, a sua fala e o seu comportamento, e não a origem de seus pais.' Com esse raciocínio, ele acolheu igualmente em sua ordem religiosa todos os que o procuravam, sem discriminar se eram párias ou se eram brâmanes."

Segue uma pequena explicação da monja Coen, para que possamos entender um pouco das numerosas denominações budistas:

"Shakya Muni Buda nasceu e viveu na Índia há 2.600 anos e é considerado o Buda histórico. Esse príncipe Sidarta Gautama realmente existiu, e todos os sutras, que são os ensinamentos, vêm dele. Mas não dele diretamente, porque ele não escreveu nada. Existe muita documentação de tudo isso, escrita por terceiros. Normalmente todos os textos de todas as escolas começam com a afirmação 'assim eu ouvi'. Os primeiros a escrever sobre o que ele ensinou foram os discípulos da própria ordem que ele criou à época. A princípio eles se dividiram, houve muita cisão logo depois que o Buda morreu, e se criaram as diversas linhas. Na primeira grande divisão surgiram os *theravadas*, que é uma linha mais tradicional, e o *mahayana*, que significa o 'grande caminho'."

Outro aspecto importante da concepção budista do mundo é a ausência de referências a Deus nas escrituras sagradas. Não existe uma noção do termo “Deus”. Os budistas afirmam que tudo o que existe é uma decorrência da lei de causalidade. A monja esclarece:

“Tudo o que existe tem uma causa, tem condições propícias, e isso se manifesta como um efeito que já é causa de um outro efeito, numa teia infinita de inter-relacionamentos. Quando perguntavam ao Buda qual era a causa primeira, ele respondia: ‘A mente humana não pode compreender isso.’ Então não se trata de uma afirmação – ou mesmo uma negação – de que Deus não existe. Aprendi com meu mestre uma coisa muito interessante relacionada a isso. Uma vez lhe perguntei se ele acreditava em Deus, e ele disse que não. Cinco minutos depois fiz a mesma pergunta e ele me respondeu que sim. Impaciente, perguntei a ele se afinal acreditava ou não, e ele me respondeu: ‘Que diferença faz?’”

A VOLTA PARA O BRASIL

A pós-graduação durou até 1995, quando voltou para o Brasil, não sem primeiro fazer uma extensa peregrinação por vários mosteiros japoneses com o marido, no intuito de fazer um pequeno pé-de-meia que permitisse comprar alguns instrumentos e equipamentos que ambos pretendiam trazer para cá.

Ela confessa que sua vontade era permanecer lá mesmo no Japão, que ela adorava, mas seu marido achava fascinante e instigante vir para um país em que o budismo era muito pouco conhecido.

Ao chegarem, se depararam com uma crise na sede da ordem à qual pertenciam. O bispo responsável pela gestão estava de partida do Brasil e não havia ninguém para substituí-lo.

O plano inicial de alugarem uma pequena sala foi modificado pelo fato de que lhes foi solicitado que assumissem a responsabilidade pelo templo-sede, que na época se localizava no bairro da Liberdade, tradicional região da cultura japonesa na cidade de São Paulo. Isso acabou resultando no reconhecimento da monja Coen como a líder natural daquele grupo, já que tanto seu marido quanto os outros monges de lá, mesmo os mais velhos que ela, eram hierarquicamente menos preparados e menos qualificados para a função. Mas a rígida cultura machista japonesa ainda provocou algumas resistências dos monges mais idosos, que no início relutaram em aceitá-la como superiora.

Seu marido teve um papel importante nesse momento, fazendo com que os rígidos e relutantes discípulos forçados da monja Coen se submetessem à hierarquia e cumprissem os preceitos ditados pela tradição. Eram eles que levavam o incenso até ela, e não o contrário, como eles gostariam que fosse...

"Ele fez com que me reconhecessem e me aceitassem como líder, porque eu estava acima deles na hierarquia. Lá havia monges de idade avançada, mais velhos que eu, porém com menos treinamento e que me rejeitavam por eu ser mulher. E meu marido enfrentou esses monges mais velhos e fez com que eles acabassem por aceitar essa condição. Acho que, se tivesse dependido de mim, eu não compraria essa briga e acabaria cedendo."

A monja Coen foi eleita presidente da Federação das Seitas Budistas do Brasil, posto que é ocupado em rodízio pelas diferentes ordens que aqui existem. Como naquele ano a presidência cabia ao grupo ao qual ela era vinculada, era natural que fosse ela a presidente.

"Não me escolheram por eu ser linda ou maravilhosa ou porque já tivessem se conformado com uma liderança feminina, mas sim porque, de acordo com o sistema de rodízio por meio do qual essa presidência era exercida, naquele ano cabia à nossa ordem designar o presidente, e como eu era a líder, o posto acabou sendo meu. E meu marido mais uma vez me deu todo o apoio e sustentação de que eu precisava."

A gestão da monja Coen alcançou um resultado muito positivo para o movimento budista no Brasil, porque ela começou a abrir o templo para os brasileiros em particular e para os não-japoneses em geral. A situação acabou se invertendo, e em pouco tempo ela se via sendo requisitada pelas famílias de origem japonesa para que explicasse aos filhos os fundamentos do budismo.

Ela realizava os rituais misturando japonês e português, e tanto os brasileiros quanto os japoneses adoravam essa mistura: os daqui, porque podiam compreender os rituais e as rezas feitas na nossa língua, e os "de lá", porque a essa altura já tinham filhos brasileiros que falavam japonês, mas se recusavam a aceitar a imposição de uma religião, a não ser que lhes fosse explicado tudo na língua que eles falavam, o português.

"As mães e as avós vinham até mim para pedir que eu explicasse o budismo em português para seus filhos e netos porque elas não tinham preparo para isso. Eu então dava aulas em português para os meninos, e as avós iam lá assistir e adoravam as minhas aulas."

A resistência cultural, no entanto, era mais forte do que todas as modernizações e os progressos, e o crescimento do templo não serviu de argumento para que a aceitação da monja Coen como líder perdurasse. As reclamações chegaram até o Japão, de onde foi enviado um monge mais velho e igualmente preparado para chefiar a comunidade. O resultado foi o esperado: no início de 2001, ela entregou a liderança da sede a seu superior e se desligou do grupo.

Como resultado da qualidade de seu trabalho, ela logo foi procurada por muitos de seus alunos, que preferiam estudar com ela a fazê-lo com o novo superior da ordem. Um dos alunos colocou a própria casa à disposição como local para os estudos, formou-se um grupo de meditação e tudo se reiniciou.

Ela aproveitou para fazer uma viagem até o Japão no intuito de esclarecer e definir sua posição dentro da ordem. Disse que sairia sem problemas da posição que havia assumido, mas as lideranças japonesas pediram que ela continuasse sendo a "missionária" da ordem no Brasil, reportando-se diretamente à sede japonesa. Mesmo estando desligada da sede local, ela daria continuidade a seu trabalho de difusão do budismo de forma independente da hierarquia local.

É evidente que o ressentimento pelo tratamento que havia recebido dos grupos mais tradicionalistas ainda estava presente em seu coração e se manifestava em comentários mais reservados que fazia sobre seu sucessor, até que seu primo Sérgio Dias, guitarrista e fundador de Os Mutantes, lhe deu uma lição inesperada:

"Serginho me ligou um dia para conversar e saber de minhas atividades como monja, e eu passei grande parte do tempo falando mal de meu sucessor, até que ele me disse que eu deveria parar de hostilizá-lo e sentir amor por ele... Foi uma lição inesquecível para mim. Eu, a monja, com raiva de um monge da minha ordem, e meu primo músico me ensinando a amá-lo. Comecei a entender por que ele se sentia ameaçado por mim e mudei de atitude, passando a sentir compaixão e até amor por ele."

Hoje, a monja Coen é a líder espiritual de uma pequena comunidade zen-budista localizada na região central de São Paulo. De início, um grupo de 17 alunos se cotizou e se responsabilizou pelo aluguel da sede durante o período de um ano. O compromisso foi cumprido, e depois desse período o local se tornou auto-sustentável e os freqüentadores passaram a fazer contribuições mensais para a manutenção da comunidade.

O crescimento foi tamanho que a sede original tornou-se pequena para abrigar todos os freqüentadores, e atualmente o grupo já conseguiu um local maior para instalar a comunidade, numa região bem próxima. Já estão em andamento as obras para a reforma da casa, mais espaçosa e mais adequada ao tamanho do grupo de seguidores e praticantes do zen-budismo liderado pela monja Coen.

"Estamos reformando a casa aos poucos, para deixá-la em condições de receber um número significativo de pessoas que fazem parte da nossa comunidade. Já raspamos o chão, estamos recuperando a parte elétrica, pintamos as paredes, e estamos aumentando a quantidade de banheiros, porque um lugar público precisa ter uma quantidade maior de banheiros. O dinheiro é curto, e por isso vamos fazendo o que é possível dentro das nossas condições financeiras."

A monja acredita e reconhece que o movimento em torno de sua opção religiosa – o zen-budismo – ainda é muito pequeno se comparado com as grandes religiões tradicionais, sobretudo a católica e a evangélica:

"Nosso movimento todo não consegue reunir um terço da freqüência de uma missa do padre Marcelo Rossi", ela comenta rindo bem-humorada.

O fato mais inusitado e surpreendente dessa futura nova casa é que o local encontrado para instalar a sede da comunidade Zen do Brasil vem a ser a residência na qual viveu e morreu a mãe de Cláudia Dias Baptista de Souza, a monja Coen.

Paulo Sérgio Gomes

QUEM É

O motorista profissional Paulo Sérgio, 38 anos, se vira como pode para sustentar de forma decente a família constituída de mulher e dois filhos: em dois dias da semana, presta serviços profissionais a uma família carioca como chofer. Nos dias restantes, faz bico dirigindo kombis e vans no subúrbio carioca, levando e trazendo passageiros de um lado para o outro, até a exaustão.

A trabalheira compensa: dependendo do movimento de passageiros, às vezes consegue arrecadar cem reais líquidos, mais do que a diária que recebe nos dias de motorista particular. Algumas vezes é convocado pela família a quem serve há mais de dez anos para realizar alguns serviços extras, que nem sempre exigem sua habilidade como motorista. Versátil, PS – como o chamam alguns dos meninos que leva e traz para o colégio – varre, pinta, trata de piscina, dá banho em cachorros e faz todo tipo de serviço, sempre sorrindo e com um bom humor imbatível.

O começo da vida já foi difícil: sétimo filho de uma família de dez irmãos homens, além de duas irmãs de criação, ele cresceu no morro do Borel, conhecida favela situada no bairro da Tijuca, no Rio de Janeiro.

Seu pai foi um dos primeiros setenta moradores dessa comunidade, no tempo em que esta ainda era apenas um pequeno aglomerado de barracos no alto do morro. Ele trabalhou muitos anos como operário numa fábrica de sabão, mas não conseguiu tempo de serviço suficiente para se aposentar antes de ser demitido do emprego.

Essa mudança inesperada, já numa idade em que esperava continuar trabalhando até que chegasse a aposentadoria, fez com que tivesse de adotar outra estratégia de sobrevivência: passou a comprar peixes nos entrepostos de pesca no centro da cidade e a revendê-los entre os moradores da favela. Começou também uma criação de porcos para reforçar ainda mais o já apertado orçamento familiar.

Além disso, criou uma escala de trabalho entre os filhos para que eles fossem trabalhar como carregadores de compras nas feiras do bairro. A mãe garantia a sua parte no sustento trabalhando como empregada doméstica. Paulo Sérgio se lembra com exatidão de como a rotina funcionava:

"Meu pai nos acordava de madrugada, quando ainda estava escuro, noite mesmo; alguns de nós íamos com ele até o entreposto de pesca, e outros iam para a feira fazer carreto. Nós tínhamos um total de oito carrinhos de feira em casa, e cada dia um ou dois eram escalados para descer o morro e ir para a feira. A pequena criação de porcos também ajudava no sustento."

Hoje em dia seu pai e sua mãe conseguiram uma aposentadoria de um salário mínimo, mas ainda trabalham, porque o rendimento é obviamente insuficiente para sustentá-los: o pai tem uma pequena birosca no morro, na qual vende petiscos e bebidas e organiza pequenas serestas e forrós com os fregueses. Os irmãos, hoje já todos adultos, conseguiram encontrar empregos e ocupações razoáveis. Entre pedreiros, técnicos de elevadores, vários motoristas, porteiros e um funcionário municipal, todos conseguem viver com dignidade, embora levem vidas modestas, mas estáveis.

O pai, como um dos primeiros moradores do Borel, é até hoje pessoa conhecida e popular em toda a comunidade. Não há quem não saiba quem é o "Zoiô", apelido de José Gomes, e onde fica sua birosca. A venda de peixes de porta em porta também ajudou a torná-lo ainda mais conhecido na região. Ele é respeitado por sua postura sempre honesta e correta, mesmo nos tempos mais difíceis de sobrevivência. E esses tempos não foram poucos. Nem passaram rápido.

MORANDO NO HOSPITAL

Paulo Sérgio nasceu com um pequeno defeito de alinhamento na planta dos dois pés que, segundo os médicos que o examinaram, acabaria provocando sérios problemas na sua coluna quando crescesse, pois afetaria a sua postura e o seu andar. Por causa disso, aos 13 anos foi levado para o Hospital de Traumatologia, no centro do Rio, e lá ficou internado por três anos, esperando por uma cirurgia que nunca foi realizada.

A situação era insólita e desagradável para o jovem Paulinho, mas pelo menos esses anos de moradia no hospital deram a ele uma vida um pouco mais estável do que as precárias condições familiares poderiam lhe proporcionar. Mesmo passando pela inusitada situação de fazer de um hospital a sua moradia, PS levava uma vida tranqüila, e, quem sabe, até melhor do que a de sua família: só o fato de ter garantidas as três refeições básicas de todo dia já era um alívio. Tanto é que ele guardava os excedentes para presentear os pais e os irmãos:

"Eu fiquei morando lá mesmo, nem ia em casa, só muito raramente. Durante esse tempo todo, passava por um exame ou outro, mas nada foi feito de fato. Eu acho que servi mesmo foi de cobaia; eles tiravam foto dos meus pés toda semana, mas não faziam nenhum tipo de tratamento. O bom é que eu passei a comer direito, ganhava muitos biscoitos e muitos presentes dos pacientes de lá. Fiquei como uma espécie de mascote e auxiliar do hospital, fazendo um pouco de tudo. Minha maior alegria era quando meus irmãos e meus pais vinham me visitar. Aí era festa, porque eu repassava para eles muita coisa que ganhava, principalmente a comida."

Aos 16 anos Paulo Sérgio teve alta, sem que nada tivesse sido feito em termos de tratamento. O problema nos pés não se agravou como os médicos acharam que aconteceria. O único problema é que seus sapatos ficam muito deformados com o uso e ele sente dor quando há uma mudança brusca de tempo: os ossos reclamam e acusam. Mas nada que um analgésico não resolva. De resto, leva uma vida normal e executa muitos trabalhos físicos sem nenhum incômodo.

A BATALHA PELA SOBREVIVÊNCIA CONTINUA

A volta para casa o trouxe de volta à dura realidade da vida na favela, sem as mordomias do hospital, mas ele não desanimou. Os estudos foram intercalados e precários: ele havia freqüentado um pouco a escola antes da internação, e voltou a estudar depois de ter alta, mas só chegou até o terceiro ano do primeiro grau. A luta pela sobrevivência tinha prioridade.

Uma outra tarefa dele e dos irmãos era ir aos restaurantes da região recolher os restos de comida para fazer a "lavagem", a alimentação dos porcos criados pelo pai. E o jeito de fazer isso era revirando as latas de lixo e separando o que poderia servir para os animais. Um orgulho da família é o fato de que nenhum dos filhos cedeu às tentações do dinheiro fácil do tráfico:

"Todo mundo da comunidade admira meu pai e meus irmãos, porque nenhum de nós foi para o lado do crime, apesar de isso ser uma escolha muito fácil quando se mora no morro. Vimos muitos amigos e conhecidos morrendo e sendo presos por causa desse envolvimento com os traficantes: ou morriam nos tiroteios, ou eram presos quando desciam para o asfalto. E todos nós temos nossas profissões e nossos empregos, graças a Deus. E temos uma união entre nós que se mantém até hoje: se um precisar, é só ligar que os outros comparecem e apóiam no que for possível."

A primeira opção de uma atividade profissional surgiu com a oportunidade para trabalhar numa oficina mecânica da comunidade. Paulo Sérgio começou como auxiliar de mecânico, mas não gostou da função; em seguida passou para a parte de lanternagem, também como auxiliar, e então se adaptou melhor. Ainda não era um emprego formal, nem ele tinha nenhum ordenado garantido, mas as gorjetas que recebia como assistente de lanterneiro já ajudavam no sustento dele e da família: cada vez que um carro ficava pronto, ele recebia um pequeno pagamento e ia correndo na mercearia reforçar os suprimentos da casa.

A atividade na oficina acabou desaguando na curiosidade pelos carros, e ele começou a aprender a dirigir manobrando os automóveis que lá ficavam estacionados. Tempos depois, um de seus irmãos arranjou um emprego de motorista numa cervejaria próxima à comunidade e ele foi aprendendo a dirigir caminhões.

O passo seguinte foi se interessar pelos tratores, quando a prefeitura começou uma grande obra de urbanização no morro do Borel. PS fez amizade com um tratorista que preferia tomar suas cervejas a pilotar a máquina, e, com isso, além de ganhar mais uns trocados, foi se aperfeiçoando na complicada arte de manobrar aquelas máquinas cheias de pedais e alavancas:

"O tratorista ficava tomando cerveja nas biroscas do morro e eu assumia o trator praticamente o tempo todo, e ia aprendendo cada vez mais. O interessante é que, durante os fins de semana, quando não havia expediente, eu ficava encarregado de tomar conta do trator e às vezes acabava terminando o trabalho que eles só iam terminar quando a semana recomeçasse. Com isso, abri muitas ruas ali na região sozinho, eu e a máquina..."

Essa fase durou uns dois anos, até ele completar 19, quando voltou a ajudar o pai nas compras de peixe e a acordar às três horas da manhã para se dirigirem ao entreposto situado na Praça XV, no centro da cidade. Até essa incumbência acabava se transformando em diversão: lembra-se com alegria dos passeios que davam nos barcos pesqueiros na baía de Guanabara. Mas a meta do pai era outra: antes do sol nascer, os peixes deveriam estar todos vendidos no Borel. E normalmente conseguiam fazer isso.

E a rotina continuava dura: ainda não havia encanamento, nem saneamento; a água era buscada numa fonte que ficava no alto do morro e transportada em grandes latas até a casa, um barraco de pau-a-pique e telhado de sapê. Hoje em dia é uma casa de alvenaria, ainda modesta, mas com os confortos mínimos que não tiveram durante muitos e muitos anos.

AS TENTAÇÕES E OS RISCOS DA VIDA NA COMUNIDADE

O período em que esteve envolvido com o aprendizado na oficina foi a época em que as facilidades e tentações do tráfico mais se aproximaram de Paulo Sérgio. Um dos seus colegas mecânicos também trabalhava como motorista do chefe do tráfico local. Ele descobriu isso quando percebeu a presença constante de um carro mais novo e cheio de acessórios que sempre via num canto da oficina. Quando perguntou por sua procedência, soube que pertencia ao "gerente" do tráfico no morro do Borel, conhecido como "Nêgo".

Foi durante esse período que chegou a usar cocaína, principalmente durante os fins de semana, quando ele e seus colegas de oficina saíam com alguns carros para circular pelas festas e bailes da comunidade. Felizmente o uso era ocasional e proporcionado pelos colegas que trabalhavam para o tráfico, portanto a droga vinha de graça e não implicava em gastar seu dinheiro com ela. Ele conta:

"Eu me lembro de que não chegou nem a um ano esse tempo da praga da cocaína. Aquilo era uma verdadeira maldição. Eu já tinha começado a freqüentar a igreja, mas ainda acabava 'pegando carona' na farra dos meus colegas de oficina, que ganhavam porções da droga dos traficantes para quem consertavam ou pintavam carros. Em pouco tempo percebi o engano em que estava me metendo e larguei aquele mundo, graças a Deus."

Assustado com toda essa facilidade, Paulo Sérgio resolveu ir trabalhar numa oficina em outra região da favela, no morro do Cruz. Mas tempos depois acabou retornando para a região da rua São Miguel e começou a fazer um trabalho de pintor de carros a céu aberto, na própria rua, sem estar vinculado a nenhuma outra oficina.

Ainda houve mais uma tentação vinda do Nêgo: como o traficante admirava muito a família de seu pai José Gomes, fez contato com PS por intermédio de amigos em comum e ofereceu a ele uma posição de comando do tráfico na cidade de Campos dos Goytacazes, no norte do Estado do Rio. O chefão gostava mesmo da família Gomes e queria, à sua maneira, tentar ajudar de alguma forma. Paulo Sérgio agradeceu educadamente, mas recusou a oferta.

Muitos anos depois acabou se encontrando com o antigo chefe do tráfico, quando tomava parte num grupo de sua igreja que faz visitas regulares às prisões. O traficante estava preso na delegacia que ele foi visitar, e houve um diálogo extremamente amistoso entre os dois: Nêgo reconheceu o filho do popular "Zoiô", perguntou pela família toda com muito carinho, chamando PS de "Paulinho". Este, por sua vez, aproveitou para tentar fazer com que o traficante deixasse a vida criminosa. Nêgo respondeu afirmando que gostava e costumava freqüentar os cultos promovidos pelos evangélicos dentro da prisão, mas PS não se iludiu quanto à possibilidade de regeneração do "chefão":

"Eu falei para o Nêgo largar essa vida e ele me disse que gostava muito de assistir aos cultos feitos na prisão, mas só isso. Como esse pessoal continua comandando o tráfico mesmo estando preso, eu sabia que ele não largaria o posto de chefia que ocupava. Tempos depois, quando eu comecei a fazer lotadas com kombis, ele me mandou um recado dizendo que tinha uma van no Borel para eu dirigir, se eu quisesse. Não sou hostil a ele, ao contrário, minha família sempre foi tratada com muito respeito por todos, mas não quero nenhum envolvimento com nada que venha do tráfico. Deus me livre!"

A FORMAÇÃO E A OPÇÃO RELIGIOSA

Deus tinha seu espaço na vida dessa modesta família, mas não era um espaço especial; apenas a devoção mínima e básica da formação católica na qual cresceram e se mantiveram até determinado momento. O pai, que é o único que se mantém católico até os dias de hoje, nunca foi praticante no que se refere a freqüentar a missa todos os domingos, mas mantém o hábito de participar de uma novena realizada todo dia 27 de cada mês. Essa é a sua maneira de manter a ligação com os rituais católicos.

A mãe, embora também tivesse sido criada no catolicismo, foi aos poucos se afastando da sua fé de origem depois da alta de Paulo Sérgio do hospital e da decepção que teve com o diagnóstico dos médicos. Daí em diante começou uma busca pelas confissões evangélicas até chegar à Igreja Universal, pelas mãos do próprio filho. Desde a saída dele do hospital, aos 16 anos, até completar 22, sua mãe e vários de seus irmãos passaram a freqüentar o templo localizado no subúrbio carioca da Abolição e que hoje em dia é a sua sede principal no Rio de Janeiro. Mas freqüentavam o templo sem compromisso nem engajamento maior, apenas buscando conforto e apoio espiritual.

Aos poucos, alguns dos irmãos retomaram a fé católica, enquanto um aderiu à igreja batista, mas Paulo Sérgio e sua mãe continuaram interessados na Universal.

Ele tem uma visão bastante pluralista e tolerante dessas opções, contrariando a fama de fundamentalista de algumas confissões evangélicas:

"Eu acho que o importante é confiar em Deus, independentemente de qual seja a sua fé. Não importa em qual religião a pessoa vai buscar Deus, contanto que ela esteja bem-intencionada. Se é espírita, macumbeiro, católico ou evangélico, se está procurando praticar o bem, está tudo certo. Eu comecei a freqüentar o templo por curiosidade, e já estou lá há 18 anos, e me sinto bem. Posso ficar mal com tudo, mas jamais ficarei mal com Deus. Não é Ele que precisa de nós, e sim nós que precisamos Dele."

Um dos motivos que fez com que optasse definitivamente pela igreja foi o encontro com Elias, um amigo do Borel, conhecido pagodeiro e sambista com quem freqüentava algumas rodas de samba. Paulo Sérgio se encontrou com ele uma vez no culto e ficou impressionado com a informação de que o amigo estava totalmente dedicado ao compromisso religioso. Esse foi o impulso que faltava para que ele também se decidisse pelo engajamento pleno no trabalho da igreja.

Chegou a freqüentar algumas outras confissões evangélicas, mas não se identificou com os sermões nem com algumas das restrições impostas aos fiéis. Com o aumento do seu interesse e do seu engajamento por volta dos 22 anos de idade, Paulo Sérgio passou a estar presente na igreja quase todos os dias da semana. Como a rotina da Universal tem rituais diferentes para cada dia da semana, ele encontrava motivação para participar de todas as correntes de oração, e com isso ia à igreja sete dias por semana. Sua mãe acabou envolvida pela motivação do filho e passou a fazer parte do grupo de fiéis mais dedicados e regulares.

Com essa dedicação, Paulo Sérgio tornou-se profundamente familiarizado com as numerosas atividades desenvolvidas a cada dia pela igreja. Ele explica um pouco mais sobre essa rotina:

"Às segundas-feiras, temos a corrente da prosperidade, na qual rezamos e pedimos pela prosperidade de todos, buscando a melhora das condições materiais. Às terças, existe a sessão de descarrego, que é um trabalho de limpeza espiritual e liberação das energias negativas. Às quartas, a reunião se chama 'a busca pelo Espírito Santo': nesse dia lemos um trecho do Evangelho, trocamos idéias a respeito do que foi lido e às vezes assistimos a um filme de inspiração bíblica. As quintas são dedicadas à oração pela família. Às sextas é realizada a reunião da libertação, parecida com a sessão de descarrego, mas na qual fazemos apenas orações. Aos sábados oramos pelas crianças e pelo bom entendimento no ambiente familiar. Aos domingos temos novamente 'a busca pelo Espírito Santo', sempre com um tema a ser debatido ou a projeção de um filme."

AJUDANDO O PRÓXIMO

Uma outra prática habitual é a dos grupos de voluntários voltados para diversos tipos de atendimento aos mais necessitados, alternando essas tarefas pelos dias da semana. Um de seus compromissos iniciais foi o de participar do grupo que se dedicava a atender os moradores de rua do Rio. Até hoje ele se lembra bem de um curativo aplicado em uma moça que vivia nas imediações da Central do Brasil. A história é um exemplo vivo e dramático do sofrimento humano:

"A moça tinha uma ferida enorme na perna, e nós aplicamos um remédio desinfetante que fez com que dezenas de larvas saíssem da perna dela. O cheiro que saía da ferida ficou impregnado em mim durante dias, mas o alívio que pudemos dar a ela também foi algo que permanece até hoje na minha lembrança. Nós criamos uma rotina de atendimento a esse grupo durante muito tempo, e sei que conseguimos dar a eles melhores condições de vida, por menor que fosse essa melhora."

Paulo Sérgio foi se envolvendo cada vez mais com as diversas atividades assistenciais da igreja. A etapa seguinte foi dedicada ao que eles chamam de "sopão", uma enorme panela de sopa que era transportada em uma caminhonete para ser servida aos moradores de rua. Ele ficava surpreso e ao mesmo tempo gratificado por perceber que, mesmo sem ter ainda uma garantia da própria alimentação de sua família, podia colaborar para abrandar o sofrimento de gente que levava uma vida ainda mais difícil e sofrida do que a dele.

É interessante saber que esse tipo de atendimento era realizado por várias instituições religiosas na Estação da Central do Brasil, a ponto de haver se estabelecido um rodízio de instituições. PS conta que o compromisso deles era aos domingos de manhã para o atendimento das necessidades diversas dos sem-teto e no domingo à noite para a distribuição do "sopão".

Depois de muitos anos de dedicação e com os compromissos que a vida em família exige, hoje em dia Paulo Sérgio participa apenas do grupo de voluntários que faz visitas a hospitais aos domingos, um trabalho mais dirigido e específico: se alguns fiéis têm parentes internados em hospitais, eles deixam o nome e o endereço com o grupo, que vai lhes fazer uma visita a fim de dar ânimo e prestar solidariedade.

Existe também um grupo encarregado de visitar delegacias, que trabalha às quartas, quintas e aos domingos. As diversas filiais da igreja se alternam para enviar seus voluntários em turnos para as visitas aos presos.

AS ATIVIDADES E A HIERARQUIA DA IGREJA

A organização da igreja obedece a uma forma muito específica de delegar e atribuir responsabilidades a seus colaboradores mais fiéis e dedicados. Uma pequena hierarquia é estabelecida a partir do comando do pastor que chefia cada filial. Em geral, ele tem sob seu comando um a dois pastores auxiliares e um grupo de "obreiros", que são os freqüentadores mais dedicados e dispostos a tomar parte nas atividades.

De início, não existe nenhum tipo de obrigação de parte dos fiéis. A entrada em qualquer grupo de voluntários se dá a partir de uma manifestação espontânea do devoto. A única condição preliminar é a conversão pelo batismo, realizada da mesma forma que na maioria das confissões evangélicas, ou seja, por meio do batismo de imersão, sempre realizado em uma piscina e em rituais coletivos, e sempre com a participação de um grupo grande de fiéis.

É claro que existe todo um trabalho preliminar de preparação daqueles que estão se dispondo à conversão. Várias entrevistas são realizadas visando à conscientização dos futuros convertidos. Algumas premissas básicas fazem parte dessa fase inicial, e os obreiros são os encarregados de explicar aos interessados quais são os princípios que norteiam as condições para que a pessoa seja batizada. Com sua retidão de conduta e ao mesmo tempo com seu característico bom humor, Paulo Sérgio explica como se faz essa preparação:

"Existe todo um ensinamento a ser transmitido. Nós conversamos e explicamos alguns pontos básicos da nossa fé. Por exemplo, se o batizando é um pai de família, nós explicamos que em casa ele é o próprio Senhor Jesus para seus filhos, e que sua esposa é a sua principal colaboradora nessa missão. Perguntamos ao interessado se ele tem certeza de que quer ir adiante com a sua intenção de se converter e adotar as posturas que propomos, porque senão, como dizemos em tom de brincadeira, vamos apenas transformar um pecador seco em um pecador molhado..."

As reuniões de quartas e domingos, a chamada "busca do Espírito Santo", são o principal canal por meio do qual os devotos são preparados para a conversão. A avaliação das condições básicas para que um fiel seja considerado pronto para o batismo é feita pelos próprios obreiros, que vão acompanhando a evolução de cada um a partir das conversas e entrevistas realizadas.

Os obreiros passam por um ritual de consagração específico antes de serem admitidos na função. A quantidade deles em cada igreja varia de acordo com as dimensões físicas do templo. A que PS freqüenta tem capacidade para 450 pessoas e conta com 95 obreiros, o que dá uma média de um obreiro para cada cinco pessoas. São três pastores a comandar esse grupo, entre obreiros e fiéis. Outro ponto importante é a responsabilidade desses auxiliares leigos: a orientação que recebem é sempre no sentido de levar soluções, e não problemas, aos pastores. Com isso eles são incumbidos de um grau razoável de responsabilidade, para poderem tentar ajudar os fiéis em suas dificuldades, e só se reportarem aos pastores no momento de apresentar resultados e soluções.

A responsabilidade final de tudo cabe aos pastores, que dão a última palavra sobre qualquer decisão importante, mas os obreiros têm uma razoável autonomia para tomar iniciativas de visitas, aconselhamentos e trabalhos para os quais estão preparados. As conversas preliminares, a marcação de visitas domiciliares e outras tarefas do mesmo tipo são resolvidas pelos obreiros sem necessidade de consulta aos pastores. Até as visitas mais imediatas e urgentes são decididas na hora por eles: procuram formar uma dupla – sempre composta de um homem e uma mulher – com base na disponibilidade dos que estão presentes naquele momento na igreja, que é enviada em seguida para a missão que lhe for atribuída.

Um outro núcleo importante é formado pelas senhoras mais idosas, que fazem uma espécie de grupo de oração constante, para dar apoio aos diversos trabalhos que estejam sendo realizados. A creche é outro recurso importante e presente em todas as igrejas, para permitir que os pais possam estar totalmente voltados para o culto durante o período em que estiverem no local.

Todos os que trabalham como obreiros e em outras funções são voluntários e não recebem nenhum tipo de remuneração; são pessoas que têm seus empregos e atividades fora da igreja. Apenas os pastores são integralmente dedicados ao trabalho religioso, recebendo uma ajuda de custo para seu sustento e não exercendo nenhum outro tipo de trabalho remunerado.

No que diz respeito à vida mundana, embora a Igreja Universal seja considerada um pouco mais liberal do que as outras e as diversões sejam estimuladas, a postura não difere da maioria das confissões evangélicas: tanto o fumo quanto o álcool são totalmente desencorajados. Paulo Sérgio explica:

"Nós vamos à praia, fazemos nossos churrascos e estimulamos os fiéis a se divertir, freqüentar shoppings e restaurantes, mas nenhuma das nossas diversões tem álcool, apenas sucos e refrigerantes. Se um freqüentador novo tem o vício do fumo, nós vamos aos poucos mostrando a ele que aquilo não vale a pena, e ele acaba largando o cigarro. Até mesmo nossos rituais religiosos são feitos com suco de uva, e não com vinho."

A questão do dízimo também tem suas particularidades e é uma característica da maioria das confissões evangélicas. Paulo Sérgio afirma que em algumas outras igrejas a postura é ainda mais radical, com a inclusão do nome dos inadimplentes em um mural público. A Universal, como todas, estimula o dízimo, mas sem nenhum tipo de imposição, segundo ele. Os mais regulares são reconhecidos com um diploma que atesta e celebra essa regularidade.

Até mesmo algumas práticas originárias do espiritismo são incorporadas: nas sessões de descarrego realizadas às terças-feiras, por exemplo, são utilizados galhos de arruda para espargir uma água consagrada sobre os fiéis. Ao fim da sessão, rosas são distribuídas para todos os freqüentadores; elas devem ser levadas para casa e trazidas de volta na reunião da terça-feira seguinte; servem como um auxiliar no processo de descarrego. O óleo consagrado também é um instrumento presente em vários rituais.

Para aqueles que resolvem seguir a vocação de pastores, as exigências são bem maiores e mais rígidas: existe um curso ministrado por um bispo na sede central. O pretendente passa por uma série de exames de toda ordem, incluindo exames médicos e várias entrevistas, até ser admitido como pastor auxiliar. Nessa função, passa a ser o principal responsável pela relação com os obreiros de cada igreja, sendo o elo entre eles e seus superiores.

Para poder subir mais na hierarquia religiosa, o pastor auxiliar precisa cumprir uma exigência básica: ser casado. Somente aqueles que tenham família constituída são admitidos nos cargos seguintes. O pastor auxiliar pode ser solteiro, e não existe nenhuma pressão para que ele deixe de sê-lo, a não ser que pretenda continuar subindo na hierarquia.

Paulo Sérgio e sua esposa Aparecida são trabalhadores dedicados e esforçados, tanto na vida espiritual quanto na material. Ele continua a prestar serviços de motorista autônomo para a mesma família há mais de dez anos e vem recebendo cada vez mais tarefas e encargos, o que ajuda a aumentar sua renda. Aparecida trabalha num salão de beleza na Barra da Tijuca e também é pessoa muito querida pela maneira séria e profissional com que exerce sua profissão.

Depois de muitos anos morando na região do Borel, resolveram se mudar para uma outra comunidade localizada na área conhecida como Furnas, no bairro do Alto da Boa Vista, onde seu sogro, o pai de Aparecida, tinha uma pequena posse de terra. Aos poucos foram construindo sua modesta casa junto à da família dela e atualmente já têm uma moradia confortável que aloja os quatro membros da família, hoje ampliada com a chegada dos filhos Mateus e Lucas.

Além disso, com as economias que fizeram ao longo desses anos, conseguiram construir uma outra casa no local para ser alugada, o que proporciona uma outra renda para a família.

Ambos são obreiros dedicados na igreja que freqüentam na região do Borel e são estimados por todos os companheiros de opção religiosa. São a prova inegável de que a fé prescinde de grandes erudições quando é vivida de maneira plena e transparente e com o coração aberto e bem-intencionado.

Independentemente das controvérsias que a Igreja Universal desperta na opinião pública, Paulo Sérgio segue firme em sua fé e militância religiosa, sem proselitismo, sem discriminar nenhuma outra tradição espiritual e procurando ajudar seu semelhante.

Apesar de durante muitos anos ter estado no segmento social que seria alvo de ajuda por parte de entidades beneficentes, hoje em dia, apesar da vida modesta mas estável que leva, já é capaz de ajudar outros menos favorecidos. E é isso que ele faz, sempre que o tempo lhe permite. E sempre com o mesmo sorriso nos lábios e o mesmo bom humor, que são sua principal característica.

Claudio Dias Baltar

QUEM É

Claudio Dias Baltar é carioca do bairro da Penha, filho de pais cariocas e fluminenses de classe média, embora ambos tivessem ascendência européia. A família da mãe, mesmo ela tendo nascido no bairro do Flamengo, era de ascendência espanhola, portuguesa e austríaca; seu pai vinha de uma família de fazendeiros da cidade de Miguel Pereira, na região serrana do Rio, cuja mãe (a avó paterna de Claudio) misturava origens portuguesas com sangue de índios brasileiros. Parece que a grande miscigenação característica da umbanda já se insinuava nas origens familiares do futuro médium.

Claudio foi criado dentro de uma estrutura familiar de educação católica, tendo cumprido todos os procedimentos e rituais de passagem da infância e adolescência característicos dessa religião. Lembra-se com clareza dos estudos de jardim-de-infância e pré-primário num colégio de freiras, e da pequena igreja matriz, que na época era uma construção de madeira localizada dentro do terreno da escola em que foi batizado. A primeira comunhão foi aos dez anos, e a igreja a essa altura já era uma construção de alvenaria fora da escola.

Embora tendo crescido nesse ambiente católico, só mais tarde Claudio veio a saber que um tio seu havia tido problemas de natureza mediúnica quando tinha 17 anos, e a família, como muitas faziam, recorreu ao espiritismo e conseguiu resolver o desequilíbrio que acometera o jovem. Ele foi levado ao Centro Espírita Nossa Senhora da Conceição, no bairro de Vicente de Carvalho, no subúrbio carioca, e depois de algumas sessões a vida voltou ao normal. De uma maneira ou de outra, o espiritismo já era relativamente familiar para seus parentes, como Claudio afirma:

"O problema do meu tio era de mediunidade mesmo; ele foi tratado nesse centro, e tudo se equilibrou. Ele ainda é vivo, está com seus 75 anos, mas na época o fato foi meio abafado pelos parentes. Imagine: na década de 1940, meu tio, com 17 anos, freqüentando um centro espírita; para a família, era o fim do mundo! Mas isso, mesmo na época, já era uma hipocrisia, porque todo mundo ia à missa das dez horas da manhã no domingo, e à noite ia aos centros espíritas tentar resolver seus problemas..."

MEDIUNIDADE DE BERÇO

O próprio Claudio acabou também sendo levado a esse mesmo centro ainda pequeno, porque demorou muito para começar a andar quando era bebê. Ele atribui essa demora ao fato de ter sido muito mimado logo que nasceu, porque era o primeiro neto da família; por esse motivo, passava de um colo para o outro entre os tios e avós, e, mesmo tendo começado a falar na idade normal, custou a andar.

Foi, então, levado ao Centro Espírita Nossa Senhora da Conceição quando tinha um ano e quatro meses. Quem comandava a casa era uma senhora cujo mentor espiritual era o Caboclo Tupi. A entidade, incorporada na médium, conversou com a mãe dele explicando que não havia nada de preocupante com o menino, mas que ele era um médium de berço, e que mais tarde iria manifestar essa mediunidade e, quem sabe, talvez até viesse a trabalhar na casa quando crescesse.

Durante a consulta, Claudio foi colocado num círculo no chão, no qual foi feito um "ponto riscado", procedimento comum nos terreiros de umbanda. Quando foi posto no centro do ponto, uma pomba que vivia dentro das dependências do terreiro voou e veio a pousar no alto de sua cabeça, como um sinal. Ele conta em detalhes:

"Essa pomba vivia solta dentro do templo, mas normalmente ficava quieta num canto, quase sem ser notada. Minha mãe estava muito nervosa. Enquanto o guia conversava com ela, a pomba saiu de onde estava, levantou vôo e pousou no topo da minha cabeça. E eu sentado ali no meio daquele ponto riscado. O Caboclo Tupi achou a maior graça e disse à minha mãe que aquilo era um sinal de confirmação do que ele tinha acabado de afirmar a respeito dos meus futuros dons mediúnicos."

A mãe recebeu instruções de alguns procedimentos e cuidados a ter com o filho e, ao mesmo tempo que ficou aliviada com o diagnóstico tranqüilizador, saiu de lá preocupada com a novidade: o que os vizinhos iriam pensar dela, freqüentando centros espíritas e tendo um filho médium?...

Depois desse discreto episódio de incursão na religião espírita, a vida voltou ao normal, com a retomada de todas as rotinas de uma família católica praticante: missa aos domingos, aulas de catecismo até a primeira comunhão, aos dez anos. Tudo seguia seu curso, com o dia-a-dia normal do então estudante, que se lembra de que todas as festas de formatura tinham uma celebração católica para comemorar o fim de cada etapa. Tanto a formatura do segundo grau quanto a do ensino médio tiveram as suas respectivas missas.

Outro detalhe interessante do entrelaçamento entre o catolicismo e o espiritismo na família aconteceu em função do contato que a família da mãe de Claudio teve com Frei Luiz, que hoje em dia dá nome a um enorme centro espírita na região de Jacarepaguá, muito conhecido e freqüentado por pessoas do meio artístico carioca. A mãe de Claudio, embora nascida no Rio, foi criada até a adolescência na cidade de Petrópolis, na região serrana do Rio, onde também viveu o bondoso frei.

"Quando ele morreu, no ano de 1937, minha mãe tinha dez anos e convivia com ele regularmente em Petrópolis. Ele era um frei católico, franciscano, mas, apesar de estar enquadrado nos limites da sua religião, era um frade muito místico e já demonstrava uma enorme habilidade para receitar chás, banhos e defumadores para seus fiéis. Sei que, por causa dessas suas 'habilidades', ele foi muitas vezes recolhido à clausura do convento por seus superiores. Eu ainda tenho um defumador guardado num saquinho de pano que ele deu para uma tia minha há mais de setenta anos. Guardo aquilo como se fosse uma relíquia!"

A família materna de Claudio, em especial sua avó, teve a oportunidade de conviver com Frei Luiz, que ia sempre à sua casa para conversar, tomar chá e visitar os que estivessem doentes. Essa avó teve sua primeira comunhão celebrada pelo próprio Frei Luiz na Igreja do Sagrado Coração de Jesus, onde ainda estão depositadas as cinzas do religioso. Ele se lembra de sempre ter visto em casa retratos e santinhos do frei, que na época já era considerado um santo por todos os petropolitanos que o conheciam. Sua morte, seu funeral e a comoção popular que mobilizou Petrópolis são lembranças vívidas na memória da mãe de Claudio.

A VOLTA DAS MANIFESTAÇÕES MEDIÚNICAS

Mas o espiritismo continuava deixando seus sinais aqui e ali. Mesmo só voltando a ter manifestações mediúnicas mais explícitas por volta dos 12 anos, Claudio lembra que, muito antes disso, por volta dos quatro ou cinco anos de idade, vivia cercado de amigos "imaginários". Ele é o mais velho de três filhos, mas a primeira de suas duas irmãs caçulas só nasceu quando ele já tinha cinco anos. Até essa época, ele tinha como companhia um grupo de espíritos de crianças que lhe apareciam regularmente.

Entre esses amiguinhos espirituais, havia um que ele considerava seu melhor amigo. Quando chegava a hora de irem embora, muitas vezes Claudio ficava aborrecido com a partida dos amiguinhos, sobretudo a de seu predileto. E manifestava essa contrariedade em voz alta. A mãe às vezes o ouvia falando e lhe perguntava o que estava acontecendo. E Claudio mostrava com a mão os amigos que a mãe, obviamente, não conseguia ver...

Mas a psicologia infantil já naquela época classificava o fato como um fenômeno considerado normal, e o terapeuta da família tranqüilizou a mãe preocupada, garantindo-lhe que, com o passar do tempo, tudo se normalizaria. O único detalhe que a mãe e o terapeuta não sabiam é que alguns desses amigos não eram apenas crianças do mundo espiritual, mas criaturas que os espiritualistas chamam de "devas" e os cristãos chamam de "anjos" ou "querubins".

Por volta de 12 a 13 anos, voltaram as sensações e os efeitos mediúnicos: Claudio sentia alterações bruscas de temperatura corporal, tinha visões e premonições, as plantas perto dele se mexiam sem que houvesse vento, ele ouvia ruídos estranhos, ocorriam manifestações de telecinésia, com pequenos objetos movendo-se espontaneamente sobre os móveis, animais se aproximavam sem que ele os chamasse. Tudo isso provocava no adolescente um enorme desconforto, porque ele sabia que havia algo de anormal – ou melhor, de paranormal – acontecendo.

Quem ajudou a preparar o terreno para o que viria pela frente foi uma antiga amiga de sua mãe, juntamente com o marido, ambos espíritas. O casal trabalhava sob a orientação espiritual de duas entidades: Oxóssi Pena Branca era o guia da esposa, e Pai Catico, um preto velho, o mentor do marido. A amiga começou a conscientizar a família de que o que estava acontecendo com Claudio era o início de uma forte mediunidade, que logo precisaria ser assumida e burilada. A mãe resistiu mais uma vez à novidade, enquanto o pai teve uma atitude mais tranqüila de aceitação do fato.

O rapaz, embora não soubesse explicar racionalmente o que lhe acontecia, sentia que alguma coisa muito forte, estranha e marcante estava se processando internamente. Os anos foram passando e as manifestações continuaram a ocorrer. Por volta dos 15 anos, as premonições começaram a ter uma abrangência maior, com pressentimentos a respeito não só de situações familiares, mas também de situações coletivas, nacionais e internacionais.

"Se fosse acontecer alguma coisa na família, com amigos, ou mesmo em âmbito nacional ou internacional, fosse bom ou fosse ruim, parece que o fato vinha ao meu encontro, eu o via e comentava com alguém. E muitas das vezes eu nem gostava de comentar, porque achava que tudo aquilo poderia ser fruto da minha própria imaginação e não queria me comprometer com essas informações, que chegavam a mim sem que eu as procurasse."

De qualquer maneira, o trabalho do casal amigo de sua mãe ajudou a amenizar as manifestações por muitos anos, pois eles levavam o nome de Claudio para os centros espíritas que freqüentavam, a fim de fazer – como se costuma dizer na linguagem espírita – preces, irradiações, preceitos e mentalizações em favor do jovem médium. Esses procedimentos foram fundamentais para que ele passasse pela adolescência sem grandes turbulências na vida pessoal. Os fenômenos aconteciam aqui e ali, mas sem provocar grandes perturbações em sua rotina.

Já com quase 17 anos, começou a fase das festas e dos bailes nos fins de semana, acampamentos com amigos e tudo mais típico da idade. Mas parece que a hora de lidar com a mediunidade se aproximava a passos rápidos, porque poucos meses antes de completar 17 anos os fenômenos voltaram a acontecer com grande intensidade: janelas batiam, portas fechavam, sofás rangiam, as plantas se mexiam como se houvesse vento – e não havia!

O medo de estar enlouquecendo passou a tomar conta de Claudio. Ele começou a perder o controle sobre seu próprio temperamento, a ponto de criar situações de confronto com desconhecidos na rua, de querer partir para brigas sem motivo. Não importava quantos fossem seus oponentes, ele não sentia o menor medo das situações em que se envolvia. O outrora calmo, discreto e pacífico Claudio Dias Baltar estava irreconhecível.

Foi um colega de vida social, cuja família era espírita, quem sugeriu a ele que procurasse um centro a fim de descobrir o motivo de tanto descontrole. Mesmo concordando com o amigo, ele ainda demorou um bom tempo para tomar alguma providência. Primeiro porque o espiritismo lhe era completamente desconhecido e lhe provocava medo; depois, porque a família continuava a professar a fé católica.

ASSUMINDO E APERFEIÇOANDO A MEDIUNIDADE

Foi assim que Claudio começou a freqüentar a casa do amigo, onde tomou contato com imagens de santos católicos junto a outras de índios e pretos velhos. A casa era também um centro de umbanda. A avó do rapaz era muito espiritualizada e informada a respeito das questões mediúnicas e imediatamente diagnosticou o comportamento dele como decorrente de uma mediunidade mal administrada.

Uma noite, sozinho em casa, Claudio começou um diálogo nada amistoso com "a espiritualidade". Desafiou os prováveis responsáveis por tudo o que lhe acontecia a fazer com que sua família também fosse conscientizada de seu problema para fazer com que ele não fosse tachado de maluco, ou, muito pior, de "macumbeiro". Era a única condição na qual ele concordaria em reconhecer sua mediunidade e partir para desenvolvê-la de forma correta.

Felizmente, o "desafio" foi aceito por seus mentores espirituais, e todos na família começaram a testemunhar as manifestações paranormais que só ele via até então. As portas começaram a bater e os objetos passaram a se deslocar na frente dos familiares, e isso fez com que eles também reconhecessem o fato e pudessem ajudá-lo a lidar com o "problema".

O amigo que se oferecera para ajudar foi quem o encaminhou a um rapaz que havia trabalhado com seus avós no centro de umbanda, e Claudio foi pela primeira vez se consultar com uma entidade, o Caboclo Ubiratan. Foi instruído a não consumir álcool nem carne vermelha no dia anterior; cumpriu os preceitos e à noite estava frente a frente com o caboclo.

"Ele me pediu que pensasse em Jesus e fechasse os olhos. Eu obedeci, já suando frio e sentindo tonteira e mal-estar. Ele me confirmou a mediunidade, mas achou que eu ainda estava muito jovem para começar a lidar com aquilo. Receitou-me um chá e pediu que eu voltasse em 15 dias, para participar da próxima sessão. Quando voltei na sessão seguinte, passei pelos mesmos procedimentos. O caboclo me pediu para fechar os olhos, colocou a mão na minha testa... e eu não me lembro de mais nada. Quando voltei a mim, as pessoas me olhavam com um ar respeitoso, me davam água com açúcar, davam tapinhas nas minhas costas, e eu sem entender o que tinha acontecido."

Claudio havia incorporado uma entidade espiritual sem que precisasse ter feito qualquer preparação além da não-ingestão de álcool e de carne vermelha naquele dia. O caboclo lhe assegurou que não dava mais para adiar o início do compromisso com o trabalho espiritual e que, mesmo tendo achado que talvez pudesse retardar o afloramento definitivo da mediunidade, chegou à conclusão de que isso não seria possível.

O Caboclo Ubiratan abriu as portas da casa, caso ele se sentisse à vontade para freqüentá-la e ali praticar e aprimorar seu dom. Para isso, bastaria trazer uma roupa branca, e mais nada. Claudio se sentiu bem naquele ambiente, tinha um amigo de confiança fazendo parte de sua experiência e achou, então, que poderia prosseguir com o trabalho. Mas ainda não era hora de a família saber do seu compromisso. Portanto, aos sábados ele saía de casa como se fosse para alguma festa com o amigo, pegava a roupa branca com o companheiro de "aventura" e tomava o rumo do pequeno centro espírita.

Nos primeiros tempos de centro, Claudio recebia entidades que eram responsáveis pelo aperfeiçoamento do seu dom, mas que ainda não eram os guias espirituais com quem iria trabalhar um pouco mais adiante. Como filho de Xangô que era, foi uma entidade da falange do orixá das pedreiras e da justiça quem mais se manifestava no médium nessa fase inicial. Só por volta dos 18 anos completos é que o Caboclo Pena Branca, seu principal guia espiritual, se apresentou nos trabalhos mediúnicos, disse seu nome e sua origem e assumiu a responsabilidade pela condução do rumo espiritual de Claudio desse momento em diante. Isso aconteceu em maio de 1968.

A família continuava sem saber da novidade, mas sua mãe, com o sexto sentido característico das mães, já achando que estava acontecendo alguma coisa de diferente, pediu a um irmão seu que simpatizava com o espiritismo para que seguisse Claudio numa dessas saídas aos sábados.

"Minha mãe, dando falta da roupa branca que há alguns meses não voltava para casa, pediu a esse meu tio que me seguisse para descobrir o que estava se passando comigo todos os sábados. Ela já desconfiava que alguma coisa estava acontecendo, pois eu estava bem mais calmo do que antes. Pois bem, naquela noite o trabalho no centro correu normalmente, e quando tudo acabou e eu recuperei a consciência, dei de cara com meu tio sentado na primeira fila de cadeiras do centro, sorrindo para mim!"

O tio elogiou o centro e o trabalho lá desenvolvido e perguntou ao sobrinho, meio sério e meio brincalhão, quando seria a sessão seguinte, porque ele queria se consultar com o Caboclo Pena Branca novamente. Em seguida, com muito tato, conversou com o sobrinho e o tranqüilizou, garantindo-lhe que explicaria à irmã o que estava acontecendo. Conhecedor dos costumes espíritas, disse-lhe que era um caminho muito belo e sério que ele estava percorrendo, e que sabia que não havia como se desviar desse tipo de missão.

O tio marcou uma reunião de família para contar o que havia testemunhado, endossou e avalizou o local e a firmeza e honestidade do trabalho ali desenvolvido. A primeira reação da mãe foi típica: ficou logo preocupada com o que iriam pensar os vizinhos, com a pouca idade do filho e enumerou diversos outros argumentos contra o desenvolvimento da mediunidade do jovem.

Foi o pai de Claudio quem interferiu na argumentação da esposa, lembrando a melhora no estado geral do filho, da seriedade do local em que ele estava trabalhando, e por último mencionou a previsão que o Caboclo Tupi havia feito quando ele ainda era um bebê. Com esse argumento, a mãe se deu por vencida e aceitou o fato.

Durante três anos Claudio trabalhou no pequeno centro de umbanda, onde acabou descobrindo uma faceta doutrinária até então desconhecida para ele: os dirigentes da casa estimulavam a leitura dos livros de

Allan Kardec e até mesmo exigiam dos médiuns um estudo sistemático da doutrina espírita. Com isso, a base teórica que fundamentava o trabalho se tornava mais e mais sólida para todos os que trabalhavam na casa.

Esse método de aprendizado ajudou o jovem principiante a começar a fazer um paralelo antes impensado entre as manifestações mediúnicas que testemunhava no terreiro e as manifestações dos santos católicos que havia estudado durante suas aulas de catecismo. Chegou à conclusão de que ambas faziam parte do mesmo fenômeno, com apenas pequenas diferenças de linguagem e de método.

"O que eu aprendi e percebi ao comparar o espiritismo que eu estava começando a praticar e o catolicismo no qual eu havia sido criado é que Deus era o mesmo, Jesus era o mesmo, Nossa Senhora era a mesma, os santos eram os mesmos... A única grande diferença era a crença na reencarnação, que eu ainda acredito que existia nos cristãos dos primeiros tempos."

Passaram-se seis anos de trabalho dedicado e contínuo, três deles nesse centro onde tudo começou e mais três em companhia de uma senhora mais idosa que trabalhava nos mesmos moldes do centro anterior sob a orientação do guia espiritual Oxóssi da Pedra Branca. Era inevitável que um certo cansaço se instalasse no jovem médium, que começou a sentir falta da vida que levavam os seus contemporâneos.

Pediu licença no centro e tirou umas "férias" do trabalho espiritual. Mas uma mediunidade forte como a sua não podia ser negligenciada e esquecida, e em pouco tempo as irritações e os desgastes por que passara no início das manifestações mediúnicas voltaram a aparecer.

Procurou um tratamento psicológico em vez de recorrer ao espiritual, porém mais uma vez a espiritualidade se insinuava onde e quando ele menos esperava: o psicólogo que o atendeu era espiritualista, e depois de uma longa entrevista afirmou que não havia nada de errado com ele do ponto de vista psiquiátrico, acabando por sugerir que ele retomasse o trabalho mediúnico.

Claudio aceitou a ponderação do terapeuta, mas concluiu que preferiria voltar ao trabalho como médium em um local maior do que os pequenos e domésticos centros em que havia trabalhado até então. Embora ele tivesse sido muito bem recebido nos dois locais em que trabalhara e gostasse daquele ambiente familiar, achou que um centro maior no qual houvesse também um número maior de médiuns o deixaria mais à vontade.

NOVOS CAMINHOS

Tomou conhecimento de um centro de umbanda muito respeitado no subúrbio carioca, o "Caminheiros da Verdade", e se apresentou à casa, onde passou a trabalhar. O "Caminheiros" também tinha uma linha eclética de trabalho na qual se misturavam a umbanda, as irradiações e mentalizações de origem mais kardecista e os rituais orientais; a entidade espiritual que presidia os trabalhos da casa era o Caboclo Tira-Teima. Esse ecletismo sempre foi algo presente na vida de Claudio e norteia seu trabalho espiritual até hoje.

Outro fator que o fez gostar ainda mais da nova casa era a ligação que o centro tinha com Santo Antônio de Pádua: havia uma estátua enorme do santo português logo na entrada do terreiro. Para reforçar a "coincidência", Santo Antônio era também o santo de devoção do seu velho conhecido Frei Luiz.

O enorme prédio de três andares tinha um pavimento dedicado somente aos trabalhos de cura, chamado "A Fonte de Siloé", e um orfanato de meninas no terceiro andar. Por outro lado, o rigor na avaliação da capacidade de cada médium também era um fator importante na aceitação daqueles que se apresentavam à casa para fazer parte do corpo mediúnico.

Claudio também se submeteu aos testes por que passavam todos os candidatos à casa, e logo recebeu incumbências semelhantes às de outros médiuns que já trabalhavam lá há muitos anos. Depois de aproximadamente três anos de total dedicação e com o falecimento dos dois dirigentes que comandavam o centro na época em que lá entrara, pediu licença para se desligar do trabalho mediúnico, mas tem até hoje recordações muito agradáveis do tempo em que lá trabalhou.

Pouco tempo depois filiou-se a um centro localizado em Botafogo chamado "Irmãos e Filhos de Santa Bárbara", onde ficou por mais três anos. Por questões ligadas à vida objetiva e à distância de sua residência, desligou-se do local.

Nessa época, uma tragédia familiar contribuiu para que seu trabalho como médium sofresse uma interrupção: um sobrinho seu, com menos de dois anos, afogou-se na piscina da casa de sua irmã, vindo a falecer após nove dias em estado de coma induzido. Claudio, apesar de todo o preparo espiritual que tinha, sentiu-se desnorteado e resolveu interromper o trabalho mediúnico.

Mas essa interrupção não durou muito: algum tempo depois chegou a ser convidado para a Ieve (Irmandade Espiritualista Verdade Eterna), um outro centro espiritualista muito conhecido no Rio de Janeiro, mas nunca se vinculou formalmente à casa, embora tenha participado durante um bom tempo dos trabalhos espirituais de lá. Mal sabia ele que muito em breve iria se reencontrar com o santo querido de sua família, o bondoso Frei Luiz.

Foi o mesmo amigo da família que o encaminhara para o espiritismo no início de suas manifestações mediúnicas que o levou pela primeira vez ao Lar de Frei Luiz, no bairro de Jacarepaguá, ainda no tempo em que estava vivo o seu fundador, Luiz da Rocha Lima, no ano de 1983. O centro ocupava uma área muito grande na região da Boiúna, mas nessa época só funcionava durante dois dias da semana (hoje a casa funciona ininterruptamente, de domingo a domingo), às quartas-feiras e aos domingos.

A chegada de Claudio ao Lar de Frei Luiz se deu de forma extremamente discreta e humilde, apenas como voluntário no auxílio ao encaminhamento das pessoas que buscavam o centro. Ele não se anunciou como médium já com muitos anos de prática como deveria e preferiu se colocar como mais um voluntário anônimo. Foi o próprio Rocha Lima, homem possuidor de uma vidência extraordinária, que percebeu a capacidade do novo colaborador e mandou chamá-lo à sua sala. O diálogo que se seguiu deixou Claudio perplexo, pela abrangência da percepção do dirigente:

"Ele me deu as boas-vindas à casa e me disse que o Caboclo Pena Branca já trabalhava há muito tempo como colaborador espiritual de Frei Luiz, e que estava apenas aguardando a chegada do médium que iria possibilitar que ele viesse a trabalhar também no plano físico. Disse que precisava saber qual a minha disponibilidade de tempo para poder me encaminhar para as diferentes atividades que o Pena Branca já desempenhava lá. Pegou uma ficha e passou instruções a um auxiliar seu, explicando onde queria que eu trabalhasse."

Nos tempos iniciais, eram apenas três salas nas quais o trabalho era realizado, divididas de acordo com o tipo de atividade mediúnica: na Sala 1 se dava o trabalho de materialização e cura sob a supervisão do espírito do Dr. Frederick Von Stein; na Sala 2 era feito o trabalho de cura sem o fenômeno da materialização sob o comando do dr. Adolfo Bezerra de Menezes, um mentor espiritual muito querido e respeitado entre os espíritas; e na Sala 3, batizada com o nome de Lauro Neiva, outro fundador da casa já falecido, eram realizados os trabalhos de desobsessão espiritual, e foi nela que Claudio veio a trabalhar.

Aos poucos, os outros dias da semana foram sendo ocupados com diversas atividades espirituais complementares: a última sexta-feira do mês passou a ter uma sessão dedicada ao desfazimento de trabalhos de magia, e às terças-feiras pela manhã era realizada uma sessão fechada para a revitalização e o descarrego dos médiuns da casa e para irradiação à distância, feita para doentes que não pudessem comparecer pessoalmente ao centro.

Às quartas-feiras o trabalho era feito numa outra sede do grupo, no bairro da Abolição, mas um início de confronto com uma seita evangélica que ficava próxima acabou por fazer com que todas as sessões do Lar de Frei Luiz fossem concentradas na sede de Jacarepaguá. Finalmente, as segundas-feiras passaram a ser ocupadas com o trabalho de desenvolvimento mediúnico dos novos integrantes.

Claudio foi convocado para vários desses trabalhos: ficou responsável – juntamente com seu mentor, o Caboclo Pena Branca – pelas sessões de desenvolvimento, além de tomar parte como médium de apoio nas sessões de materialização e comandar o trabalho de desobsessão da Sala 3. Ele explica:

"A parte de preparo teórico dos integrantes do Lar de Frei Luiz era muito boa, excelente mesmo, mas faltava a eles o trabalho prático de aperfeiçoamento dos dons mediúnicos de cada um, fossem eles médiuns de materialização, cura, incorporação ou psicografia. Foi então designado um espaço específico para essas sessões, e o Pena Branca ficou responsável por tal parte, comandando essa sessão semanal às segundas-feiras."

Com o falecimento de Rocha Lima e o início da gestão de Ronaldo Luiz Gazola, o aumento da quantidade de salas de atendimento foi oficializado e incorporado à rotina de funcionamento do centro; Claudio e o Caboclo Pena Branca receberam a incumbência de coordenar a Sala 10, onde havia uma mesa com 12 a 14 médiuns para os trabalhos de descarrego, e pouco tempo depois o Caboclo pediu que fosse colocada uma maca para que se realizasse um atendimento mais específico para as pessoas com problemas de saúde, e assim foi feito. Claudio nos explica o ecletismo de seu mentor espiritual:

"Pena Branca sempre foi muito polivalente: ele receitava ervas, chás e banhos, fazia questão de ter música apoiando o seu trabalho – não sei por que, mas ele tem uma predileção especial por música erudita –, tinha uma grande prática no trabalho de desobsessão, usava incensos e inovou com a utilização dos leitos para o tratamento dos doentes do corpo e da mente."

ABRINDO SEU PRÓPRIO TERREIRO

O trabalho no Lar de Frei Luiz foi o compromisso mais longo de toda a sua história como médium – durou vinte anos, de 1983 até 2003 –, mas era inevitável que chegasse o momento no qual a necessidade de abrir sua própria casa se tornaria premente. E esse momento chegou.

Com o falecimento de Ronaldo Luiz Gazola e a nova orientação administrativa do centro, o Caboclo Pena Branca resolveu se desligar de forma amistosa do trabalho na casa. O dia em que o guia espiritual comunicou sua decisão aos médiuns que o acompanhavam nos trabalhos foi bastante doloroso, pois esses vinte anos de dedicação haviam criado laços fortes de amizade com muitos membros do corpo mediúnico.

Quando o guia desincorporou, Claudio, que sabia que a idéia estava amadurecendo mas não imaginava que a decisão fosse ser tomada de forma tão rápida, ficou meio surpreso. A comoção dos médiuns contribuiu para deixá-lo ainda mais perplexo. Mas a decisão estava tomada. O jeito era formalizar o desligamento e ver que rumo tomar daí para a frente.

A idéia inicial dele, que não sabia por completo dos planos do Caboclo Pena Branca, era procurar uma outra casa à qual pudesse se associar e continuar a trabalhar de forma coletiva. Mas muitos médiuns que o apoiavam no Lar de Frei Luiz resolveram segui-lo, e com isso a idéia de fundar seu próprio terreiro foi se solidificando.

De certa forma, a decisão do seu grupo de médiuns de segui-lo foi um dos fatores que o levaram a considerar a possibilidade de abrir um terreiro próprio, como ele explica:

"É claro que o Caboclo Pena Branca já sabia o rumo que as coisas iriam tomar, porém o que mais mobilizou a mim como médium e dirigente de um grupo de trabalho espiritual foi ver aquele pessoal unido em torno do que vínhamos realizando há tanto tempo. Por isso me senti meio responsável pela continuidade e o apoio àquele núcleo e vi que a única saída seria a criação de um espaço próprio."

Depois de um ano trabalhando na casa de alguns freqüentadores e em um pequeno sítio alugado na região, surgiu finalmente o Templo Espírita Pena Branca, também no bairro de Jacarepaguá, no local conhecido como Curicica, numa pequena casa residencial alugada para esse propósito. Em razão do espaço limitado, foi feita uma divisão racional das dependências para que se pudessem organizar os diferentes tipos de atendimento.

O quarto menor passou a ser a sala dos médiuns, o escritório e a biblioteca da casa, onde os colaboradores guardam seus pertences e onde há uma pequena estante com livros e uma escrivaninha com o material administrativo.

Há também uma cozinha relativamente ampla, que faz o papel de cantina do centro. Alguns voluntários preparam e doam doces, salgados, sucos e refrigerantes para os dias de sessão, e a renda obtida com esse movimento é revertida para o sustento da instituição, que tem responsabilidades de aluguel e das contas de consumo do local.

Um dos quartos maiores foi transformado na sala de passes, onde os médiuns realizam um descarrego prévio em todos que vão se consultar com o Caboclo Pena Branca. Para os que vão lá apenas procurando o passe magnético, basta passar por essa sala para ser liberado em seguida. Estes recebem um crachá específico e exclusivo para o passe. Normalmente, ali estão quatro ou cinco médiuns que ministram os passes nos freqüentadores.

Outro quarto foi transformado na sala de leitos, onde há três macas hospitalares que recebem os pacientes que o Caboclo Pena Branca avalia e encaminha depois de atendê-los em consulta. Alguns são atendidos pelos médiuns encarregados dessa parte do trabalho; outros são instruídos pelo Caboclo a esperar nos leitos até que ele vá liberá-los pessoalmente.

A sala principal da casa foi transformada no espaço de consultas do Pena Branca. Depois de tomar o passe, os freqüentadores retornam à parte externa da casa, onde aguardam a chamada numérica dos crachás que receberam, de acordo com a ordem de chegada.

Esta sala é ocupada por uma grande mesa à qual se sentam os médiuns de apoio, normalmente em uma quantidade que varia entre oito e 12 pessoas. Na mesa estão algumas grandes pedras de quartzo de diferentes cores, uma pequena bacia com água e pedaços de carvão vegetal e sal grosso; no centro da mesa há um grande vaso com flores e ervas medicinais. Vários livros são espalhados em frente aos médiuns, que os folheiam e lêem à vontade. Outras ervas medicinais ficam dispostas na cabeceira da mesa em frente ao Caboclo Pena Branca, que as distribui aos consulentes com a recomendação para utilizarem-nas em banhos ou chás, de acordo com a necessidade de cada um.

Ao fundo, do lado esquerdo da sala, próximo à cabeceira da mesa, um aparelho de som fornece a trilha sonora para toda a casa, a partir de pequenas caixas de som espalhadas por todos os cômodos. A seqüência das músicas é escolhida pelo próprio Pena Branca, que se encarrega de trocar os CDs de vez em quando; geralmente são peças clássicas e músicas religiosas ou *new age*, que ele escolhe de acordo com a necessidade do momento.

No lado direito ao fundo, há um outro vaso com flores e mais ervas medicinais, que são igualmente distribuídas aos consulentes ao fim do atendimento. Ninguém sai da sala sem levar pelo menos uma flor e um beijo na testa dado pelo próprio Caboclo depois de terminar cada consulta.

Todas as salas são decoradas com numerosas gravuras de inspiração espiritual, sejam elas de origem afro-brasileira, católica ou de outras procedências. Um enorme retrato de Frei Luiz é avistado logo que se entra na sala de consultas; alguns quadros com temas indígenas, tanto nacionais quando norte-americanos, também fazem parte da decoração. Um deles é a representação do Caboclo Pena Branca em sua encarnação norte-americana; diz-se que o Pena Branca, além de ter sido um índio da tribo dos tupinambás na sua última encarnação terrena, teve também uma existência prévia entre os *sioux*. Vêem-se também retratos de vários santos católicos, como Santa Bárbara, Joana d'Arc, Santo Antonio, São João Batista, além de pequenas estátuas indígenas típicas dos terreiros de umbanda.

A procura pelos trabalhos de caridade do Templo Espírita Pena Branca tem sido tão grande desde o desligamento de Claudio do Lar de

Frei Luiz que a casa já se tornou pequena para acolher todos os que lá chegam. As sessões são realizadas às quartas-feiras à tarde e geralmente não terminam antes da meia-noite, em virtude da enorme quantidade de pessoas presentes.

Às segundas-feiras à noitinha, também em sessão aberta e em intervalos de 15 dias, é feito um trabalho mais voltado para o esclarecimento e o debate de temas ligados à espiritualidade. Nesse dia não há passes, nem trabalhos de cura ou consultas, mas ao fim da reunião o Caboclo Pena Branca incorpora no médium e faz o encerramento com uma pequena preleção sobre o tema abordado no encontro.

O grupo de voluntários que colabora com o templo já pensa em procurar um espaço maior que permita ampliar o atendimento, mas como os trabalhos são realizados de forma gratuita e a casa vive apenas das doações espontâneas de sues freqüentadores, ainda não sabe quando será possível concretizar esse sonho.

A casa é aberta ao intercâmbio ecumênico com todas as correntes religiosas que se disponham a visitá-la. Claudio já teve oportunidade de receber membros da fé católica, da evangélica, do candomblé, do budismo, e também já foi convidado a proferir palestras em outras casas religiosas, missão que realiza com grande alegria.

Embora seu trabalho tenha essa linha ecumênica e eclética, ele alimenta um carinho muito especial pela umbanda, que o acolheu quando ainda era um bebê e acompanhou todos os passos da evolução de sua missão mediúnica. Considera que essa religião, tão típica e característica da mistura de raças e culturas que é o Brasil, é também uma ciência e uma arte, a arte de harmonizar as diferentes influências que a compõem.

"A umbanda é plena; ela congrega todas as raças e todas as correntes. Essa capacidade de combinar e colocar todas as influências a favor do trabalho voltado para os que delam necessitem, independentemente de sua origem financeira, racial ou social, é que a torna única. Sua base é muito simples: fé, sabedoria, esperança e amor. Não precisa de mais nada além disso."

O Caboclo Pena Branca é uma entidade amorosa, disponível e bem-humorada, que disfarça uma enorme estatura espiritual por trás da sua aparente simplicidade. Muitos especulam que ele teria sido também um médico de grande atuação na saúde pública do Brasil num passado relativamente recente, mas ele mesmo não permite nem estimula essas especulações. Quando eventualmente é perguntado a respeito, muda o rumo da conversa e desencoraja qualquer palpite sobre o tema. O mistério permanece.

Fora do ambiente espiritual, o médium Claudio Dias Baltar é uma pessoa comum e acessível, que gosta de confraternizar e se distrair, como qualquer um. Vai muitas vezes à casa de amigos para conversar e se divertir, mas acaba sendo meio inevitável que as conversas sigam a direção dos assuntos da espiritualidade. Mas tudo é sempre debatido com muito bom humor e jovialidade, como é característico de seu temperamento.

Sheik Muhammad Ragip

QUEM É

Antonio Roberto Barros nasceu e foi criado em uma família católica de classe média da periferia de São Paulo. Ele lembra que sempre foi uma característica sua dedicar-se inteiramente aos projetos nos quais estava envolvido. Sua participação nos movimentos de assistência social da Igreja que freqüentava sempre foi plena. Seu espírito investigativo e pioneiro também o ajudava a mergulhar de cabeça nas atividades com as quais se identificava.

"As primeiras recordações que tenho de minha infância sempre estão relacionadas ao aprendizado, à leitura e ao estudo. Eu nasci e fui criado em uma família católica, com pais e avós católicos, e me lembro de que sempre gostava de participar dos movimentos e das campanhas que minha escola promovia junto à igreja, para ajudar os mais necessitados."

A lembrança mais forte que tem de seus primeiros anos é a que confirma seu espírito aventureiro e investigador, embora ainda não voltado para as coisas do espírito: com pouco mais de quatro anos de idade, resolveu um dia que iria dar a volta no quarteirão em que morava, no bairro da Penha. Sem dizer nada a ninguém, começou sozinho a jornada que, para uma criança de seu tamanho e idade, era como escalar o monte Everest. E havia uma outra escalada, essa literal, que também gostava de fazer no pavimento superior da casa de seus pais:

"A casa em que eu morava tinha dois pavimentos e uma laje, que era como uma espécie de cobertura, na qual eu adorava subir para apreciar a vista e a paisagem. Além disso, dali conseguia pular para os telhados das casas vizinhas e sair pisando nas telhas, vendo tudo de cima. Essas aventuras terminaram no dia em que pulei de volta do telhado do vizinho para minha casa e dei de cara com meu pai me esperando com um cinto na mão, para me aplicar um corretivo pela 'aventura'."

O COMEÇO

Esse espírito inquieto e investigativo continuaria a ser uma característica do jovem estudante quando, um pouco mais tarde, por volta da adolescência, a família começou a se interessar pelo espiritismo de influência kardecista. Antonio leu de forma dedicada as obras de Allan Kardec, e era um dos freqüentadores que mais participava dos debates que se seguiam às sessões de leitura das obras do fundador do espiritismo.

"Com meus 14 para 15 anos, participei também de sessões de materialização, e me interessava por todos os fenômenos que faziam parte das manifestações espíritas. Eu adorava estudar e ler a respeito da mediunidade de efeitos físicos, a questão do ectoplasma e tudo o que dizia respeito ao assunto."

Em seguida, o jovem, em busca de um caminho espiritual, descobriu a ioga. Depois de tomar conhecimento da prática, começou a aprender os exercícios de forma autodidata, baseando-se em um livro cujo título não se recorda, mas que sabe que era um clássico da matéria naquela época. Seguindo rigorosamente o recomendado em suas leituras, Antonio lembra que elaborou um programa bastante disciplinado no qual fazia uma série diária de oito ou dez exercícios de posturas iogues. A essa altura, o espiritismo ainda fazia parte de sua prática espiritual, mas o catolicismo já se encontrava a anos-luz de distância de sua vida.

E a busca não parava: o passo seguinte foi o engajamento na Antiga e Mística Ordem Rosa Cruz, a Amorc, uma das mais conhecidas e respeitadas instituições de divulgação do esoterismo e das práticas ocultas. Mais uma vez, Antonio se embrenhou de corpo e alma nos estudos e nas práticas.

"Eu era fascinado pelos ensinamentos a respeito da projeção da consciência, a chamada 'viagem astral', e de todas as revelações sobre Consciência Cósmica, reencarnação, o desenvolvimento da intuição. Nessa época, estava começando a faculdade de engenharia, e isso representava uma grande mudança na minha vida, mas dei continuidade aos estudos esotéricos com a mesma dedicação."

ENCONTRANDO O SUFISMO

Foi justamente na biblioteca da Ordem que ele encontrou a primeira menção ao sufismo. Antonio lembra que o livro fazia uma menção muito ligeira e superficial a essa tradição religiosa, mas a descrição do sufismo como "um movimento místico que busca a experiência do encontro com Deus" bastou para fazer com que o estudante, na época com 18 para 19 anos, ficasse curioso a respeito dessa nova vertente espiritual que se apresentava à sua frente.

"O livro era muito fraco em termos de conteúdo, mas quando eu li essa descrição, mesmo precária e superficial, lembro que disse a mim mesmo: 'É isso que estou buscando, é isso que eu quero; onde encontro?'"

Mas as solicitações da vida universitária e em seguida os primeiros passos na vida profissional não permitiram que ele aprofundasse a sua pesquisa. Primeiramente mudou-se para o interior de São Paulo no intuito de terminar seus estudos de engenharia e depois começou uma carreira como professor de cursos de vestibular na sua área. Isso o levou a morar em Brasília e em Goiânia por alguns anos. Durante esse tempo, os estudos ministrados pela Amorc continuaram a fazer parte de sua vida, sempre de modo organizado e dedicado.

A leitura que o levou de volta aos caminhos místicos do islamismo foi *Fragmentos de um ensinamento desconhecido*, de P. D. Ouspensky, um dos maiores divulgadores do sufismo e da obra de G. I. Gurdjieff, possivelmente o maior pensador a abordar o sufismo no Ocidente. Um senhor que era seu colega de Amorc, ao ver o interesse do jovem pelo assunto, estimulou-o ainda mais, dizendo que ali ele encontraria muito do que procurava em termos espirituais.

Antonio tornou-se mais uma vez um estudioso e pesquisador incansável do assunto, lendo tudo o que podia sobre Gurdjieff, sobre o eneagrama e sobre o sufismo. Na falta de material mais aprofundado, ele mesmo desenvolvia exercícios baseados nos ensinamentos que assimilava das leituras.

Uma feliz coincidência o ajudou a se aprofundar mais no tema: ao participar de um seminário ligado à sua atividade profissional como engenheiro e professor, percebeu que uma das palestrantes, uma senhora de origem mexicana, mencionou várias vezes a abordagem de Gurdjieff em sua apresentação. Ao puxar o assunto numa conversa ao fim do seminário, ele acabou conhecendo uma pessoa que participava de um grupo de estudos do chamado "Quarto Caminho", um dos nomes dados por Gurdjieff às suas práticas espirituais.

Convidado a participar do grupo, ele aceitou de imediato e passou a conviver com aquele núcleo de pessoas que se dedicavam à leitura e ao estudo do sufismo. Com sua habitual dedicação aos temas que o apaixonavam, Antonio passou a ampliar seus conhecimentos complementando as reuniões do grupo com estudos que fazia por conta própria.

VIAGEM AO ORIENTE

Com o aprofundamento dos estudos e da convivência que estreitou a amizade desse grupo, todos foram aos poucos se aproximando da fonte original do Quarto Caminho, que é o sufismo, e se aproximando da fonte original do sufismo, que é o Islã. Resolveram organizar um grupo para viajar ao Oriente. Pouco tempo depois, em 1990, 13 estudiosos se preparavam para uma viagem à Turquia, um dos locais em que o sufismo é praticado com mais intensidade em todo o mundo.

Antonio ressalta que essa força do sufismo na Turquia é de fato real, mas observa que na verdade onde houver Islã existe sufismo, e onde houver sufismo, existe o Islã:

"As duas coisas (o sufismo e o Islã) estão intimamente relacionadas: você vai à Indonésia e encontra a prática sufi; vai à Índia e também a encontra. No Paquistão, no Afeganistão, no Irã, em todos esses lugares encontra-se uma prática sufi muito desenvolvida. E isso acontece porque tudo na vida possui um aspecto interno e um externo. Na própria ciência nós encontramos essa dualidade; quando olhamos para um objeto físico, achamos que ali está a manifestação de uma matéria sólida e contínua, mas a física e a mecânica quânticas já nos mostram que existe uma realidade por trás dessa aparente solidez que nós não conseguimos perceber com nossos sentidos físicos."

Nesse momento, Antonio se entusiasma com as explicações espirituais e abre um parêntese no relato da viagem para explicar que essa dualidade manifesto/oculto está presente em tudo, até mesmo no Alcorão, em que se atribui um aspecto externo e outro oculto para Deus. Existem aspectos que Ele expõe, para que todos percebam, e aspectos ocultos, que não são percebidos. O aspecto manifesto é aquele que regula a conduta humana e as relações do indivíduo consigo mesmo e com a sociedade na qual vive, e com o próprio Deus, estabelecendo o que o ser humano deve e não deve fazer e deixando por conta do livre-arbítrio de cada um as questões que não estão previstas nos livros sagrados. É o papel do Alcorão no Islamismo e o das diversas regras de conduta que existem nas outras tradições religiosas em seus diversos livros e passagens.

"O Alcorão diz que o indivíduo deve rezar cinco vezes por dia; deve jejuar no mês do Ramadã; deve dar 2,5 por cento de seu patrimônio para os mais pobres uma vez por ano; não pode mentir, não pode roubar, não pode matar; deve respeitar os direitos dos outros seres humanos, e assim por diante. O indivíduo que, cinco vezes por dia, volta-se para Meca e faz suas orações, cumpre suas obrigações, espiritualmente não está em dívida com Deus. Esse é o aspecto externo da questão; agora, a razão para as orações serem feitas naqueles horários específicos tem um fundamento oculto que nem interessa ao praticante muçulmano comum, que está preocupado apenas em cumprir corretamente suas obrigações. Aí estão, portanto, o aspecto manifesto e o aspecto oculto de um preceito religioso."

Ele continua a explicação:

"O sufismo é a disciplina dentro do Islã que explora, investiga, mergulha nesse mundo oculto, nesse mundo interior. Ele visa desenvolver no indivíduo a possibilidade de, ao praticar um ato externo, poder utilizar isso como um instrumento de busca de seu próprio caminho interior. E desenvolver esse mundo interior é uma tarefa fascinante, que lhe permite ter acesso a regiões de beleza indescritível e infinita."

Ao mesmo tempo, Antonio reconhece que essa busca não é a mesma para todos os indivíduos, e que cada ser humano tem um caminho específico para seu encontro consigo mesmo. Ele admite que algumas pessoas nascem com as condições adequadas para empreender esse mergulho, e outras, não. A primeira evidência disso no islamismo surgiu nos tempos em que o profeta Maomé ainda estava entre nós.

Depois de alguns anos de perseguições em Meca, o Profeta organizou uma comunidade em Medina em que havia pessoas de todas as origens e profissões, entre comerciantes, artesãos e todos os outros ramos da atividade humana daquela época. Havia um grupo menor de indivíduos que literalmente dormiam na porta da casa dele, para acompanhá-lo em todas as suas atividades. Foram essas pessoas que registraram as tradições do profeta, chamadas *hadiths*. O Alcorão representa a palavra de Deus, revelada ao Profeta pelo próprio anjo Gabriel. Os *hadiths* constituem a segunda fonte mais importante do islamismo, nos quais estão registrados as palavras, os silêncios e os atos do Profeta por parte desse grupo de seguidores.

O curioso é que uma das origens da palavra "sufismo" seria pelo fato de esses discípulos de Maomé ficarem sentados numa espécie de sofá ou plataforma na porta de sua casa, esperando a chegada do Profeta para segui-lo em suas peregrinações e pregações. A palavra "sofá", portanto, é de origem muçulmana.

Tais indivíduos eram os místicos daquele tempo, e acabaram por receber diretamente de Maomé uma série de iniciações espirituais. Os primeiros tempos do sufismo possuíam uma característica de ascetismo, porque todos os que dele participavam levavam uma vida basicamente dedicada à espiritualidade. Certamente, todos tinham suas atividades profissionais dentro da comunidade, mas por opção própria sacrificavam parte de seu tempo em favor da vida espiritual. Passada essa fase inicial de implantação das práticas, porém, o próprio movimento do sufismo passou a ressaltar a necessidade e a importância do engajamento de seus praticantes na vida diária da comunidade, ao mesmo tempo em que desenvolviam seus exercícios e atividades espirituais.

Dessa maneira, sabe-se que o sufismo teve origem junto ao próprio profeta Maomé, não sendo por isso uma disciplina que tenha se desenvolvido depois da partida do profeta para o mundo espiritual.

Antonio explica que, como em muitas outras tradições religiosas, existem sete níveis de consciência que o indivíduo pode alcançar na prática mística sufi. E são práticas também assemelhadas a várias outras tradições – a hindu e a judaica, por exemplo –, como a meditação e a recitação dos nomes de Deus. E, segundo a tradição islâmica, cada nome de Deus tem um efeito curativo específico, que vai atender às necessidades do recitante naquele momento.

No fim das contas, uma pessoa dedicada ao sufismo realiza exatamente as mesmas práticas que o muçulmano comum, com a diferença de que o sufi ainda tem outros preceitos a cumprir que não são obrigatórios para os outros muçulmanos, mas que são realizados por eles, que foram iniciados nessas práticas.

Uma outra figura comum na prática sufi é o dervixe, que alguns já podem ter visto em gravuras ou filmagens realizando uma dança circular que provoca um estado alterado de consciência. No filme *Encontros com homens notáveis*, dirigido por Peter Brook e adaptado do livro homônimo, há uma cena em que se vêem vários desses dervixes girando sem parar, numa dança fascinante e silenciosa.

A palavra dervixe, que é de origem persa, significa simplesmente "pobre", ou seja, alguém que renunciou aos bens do mundo material. Seu equivalente árabe é a conhecida palavra "faquir". A rigor, o termo dervixe só deveria ser utilizado por seres humanos de grande elevação espiritual, que já atingiram um nível de consciência no qual reconhecem que não possuem nada. O dervixe tem a plena noção de que não é dono de nada neste mundo. É um renunciado.

UMA LENDA MUÇULMANA

O tema da renúncia ao mundo material também tem uma abordagem bastante original por parte do sufismo, que se assemelha muito à visão do zen-budismo. Uma história que se passou com Ibn Arab, figura importante do islamismo, ilustra de modo bem claro essa questão:

Ao voltar para o Cairo depois de uma longa viagem, Ibn Arab fez uma parada em seu caminho para prestar homenagem a um sábio sufi que levava uma vida absolutamente desapegada das coisas materiais: sendo um pescador, ele pegava diariamente apenas três peixes, separava as cabeças deles para si e distribuía a parte nobre entre os mais pobres que moravam perto dele. Fazia uma sopa com as cabeças e se satisfazia com aquilo como alimentação. Ao receber a visita ilustre, ele pediu a Ibn Arab que, ao chegar à sua cidade, fosse fazer uma visita a seu mestre espiritual e lhe transmitisse a preocupação do asceta, que acreditava não estar mais evoluindo em seu progresso espiritual já há algum tempo.

Ao chegar ao Cairo, Arab foi visitar o mestre do asceta, e qual não foi seu espanto ao perceber que este era um homem abastado, dono de razoável fortuna e com muitos empregados. Transmitiu o recado do dervixe, e maior ainda foi sua surpresa ao ouvir do mestre a afirmação de que seu discípulo não progredia na vida espiritual porque estava muito apegado às coisas da matéria.

Quando, em outra viagem, passou novamente pelo local em que morava o asceta, Ibn Arab foi até ele e transmitiu o recado do mestre, um tanto constrangido porque não conseguia entender como aquele homem pobre e que vivia apenas com o essencial poderia estar apegado à vida material. Ao terminar de transmitir o recado, viu o pobre homem cair em prantos e reconhecer a validade das afirmações de seu mestre.

O viajante, intrigado, perguntou ao dervixe como aquilo era possível, e ele explicou:

"Você viu meu mestre levando uma vida bastante abastada no Cairo, mas ele não dá o menor valor a tudo aquilo. Eu, ao contrário, toda vez que preparo a minha sopa, fico pensando em como seria bom comer o peixe que dei aos pobres. Embora eu externamente tenha essa vida aparentemente desapegada, meu coraçao está preso ao mundo material."

VIAGEM AO ORIENTE: A INICIAÇÃO E A CONVERSÃO

Voltando à narrativa da viagem empreendida pelo grupo de estudiosos do sufismo, Antonio conta que eles saíram do Brasil já com uma série de indicações de locais santos e de peregrinação que poderiam visitar. Também já tinham a direção de uma ordem específica que tinha ligação com a prática que vinham realizando em seus estudos no Brasil. Tiveram a grande sorte de poder fazer parte de uma caravana por várias cidades da região, organizada pelo sheik que é o líder da ordem à qual pertenciam. Dessa maneira, participaram de uma peregrinação que não é realizada com muita freqüência, mesmo na Turquia. Visitaram várias mesquitas, vários templos e até mesmo outras ordens sufis que estavam em sua rota. Ao chegarem a Konya, os brasileiros se separaram do grupo de peregrinos e empreenderam parte de sua viagem por conta própria em carros alugados, para no fim se encontrarem novamente em Istambul, onde se localizava a sede da ordem. Nessa etapa, foi realizada a iniciação de Antonio Roberto Barros na religião muçulmana e na Ordem Sufi Halveti Jerrahi.

"Eu me dirigi ao sheik e manifestei minha vontade de me vincular à ordem que ele dirigia, e ele apenas me respondeu que era necessário que eu me convertesse ao islamismo, que me tornasse muçulmano. Isso aconteceu em 1990. Portanto, minha iniciação na ordem foi simultânea à minha conversão ao islamismo. E eu voltei muçulmano para o Brasil, sem saber muito bem o que tinha feito, nem o que era exatamente o islamismo", ele conta, sorrindo da própria ingenuidade.

Para aqueles de nós que pensam que a iniciação no islamismo é repleta de regras e preceitos, uma surpresa: basta simplesmente declarar que não há divindade exceto Deus, e que Maomé é o Seu mensageiro. Basta a intenção de ser muçulmano e essa breve declaração para abraçar a religião do Islã.

Além disso, para se tornar um dervixe, há um outro pequeno ritual de iniciação: é feito um juramento, uma pequena passagem do Alcorão é citada, e nesse momento o iniciado recebe uma prática específica do sufismo, que são repetições de certos nomes de Deus em determinados horários.

Um outro elemento interessante da prática islâmica diz respeito à importância que os sonhos têm no acompanhamento e na avaliação do progresso espiritual de cada dervixe. Esse tema é abordado tanto nas Tradições do Profeta quanto no próprio Alcorão. Basta lembrar que o profeta José – que a maioria de nós conhece como "José do Egito" – e seu dom para os sonhos proféticos é citado no livro sagrado dos muçulmanos. Alguns outros profetas também são mencionados, ressaltando a questão da importância dos sonhos e de quantas mensagens do mundo espiritual são transmitidas por meio desse expediente. Tudo aquilo que é mencionado no Alcorão é posteriormente aperfeiçoado e detalhado nas Tradições do Profeta. Maomé dá instruções específicas para a interpretação de sonhos.

Aqui cabe uma explicação interessante sobre a visão muçulmana de seu próprio livro sagrado. De acordo com a visão islâmica, quando Deus criou o Universo deixou registradas as leis que o regem num livro que se chama *Lauh al Mahfudh*, que significa "Tábua Preservada" e se encontra "arquivado" em um local específico do plano espiritual. O Islã considera que o Alcorão é uma projeção no plano material dessas leis e que a Tábua Preservada é o receptáculo puro dessa informação.

Segundo os muçulmanos, Maomé seria o último profeta, encerrando a era e a linhagem das profecias. Respeitando e enaltecendo as origens comuns das três grandes religiões monoteístas do Ocidente, o islamismo leva em alta consideração todos os profetas anteriores a Maomé e ligados à descendência de Abraão, que é o elo comum aos judeus, aos muçulmanos e aos cristãos. Jesus, apesar de não ser considerado o "Filho de Deus" pelo Islã, é cultuado e reverenciado como um dos grandes profetas da história do monoteísmo.

A EXPERIÊNCIA EXTERNA E INTERNA DO ALCORÃO

Segundo a visão muçulmana, o Alcorão tem duas partes: a primeira tem um papel específico de ser o regulador da sociedade islâmica, como um código de conduta com regras muito definidas e claras, às quais não cabe nenhuma interpretação adicional ao que está dito no texto. É simplesmente uma questão de se respeitar o que está escrito no Livro.

Ao mesmo tempo, existe um outro aspecto que diz respeito às experiências espirituais de cada fiel, de acordo com sua capacidade e seu estado de consciência. Trata-se de um processo de crescimento espiritual e de purificação interior e que normalmente cada um tem de forma única e intransmissível; diz respeito à compreensão mais ampla da vida e dos processos divinos. Uma vivência mística, que só pode ser alcançada e experimentada interiormente.

Voltando ao papel do Livro Sagrado como regulador da sociedade, pode-se fazer uma analogia entre o Alcorão e a Constituição de um país, por exemplo. É sabido que a Carta Magna se ocupa dos aspectos maiores da legislação, e que muitos aspectos mais específicos são regulados por leis ordinárias e todo um cabedal de dispositivos elaborado posteriormente. As Tradições do Profeta teriam esse papel na vida islâmica, porque Maomé aplicava o Alcorão na vida diária de seus seguidores.

Em seu papel de juiz, o Profeta tratava de resolver as questões e disputas que lhe eram encaminhadas a partir do que dizia o Livro Sagrado, e com isso ia criando as jurisprudências da lei islâmica. Essa jurisprudência é considerada uma ciência pelo Islã. E uma ciência dinâmica e viva, que pode continuar a ser aplicada nos dias de hoje e que se baseia no Alcorão e nas Tradições do Profeta, e define regras para aplicação de questões mais particulares.

Nas questões mais subjetivas, também vão ser encontradas várias interpretações baseadas nas Tradições para as questões de cunho mais religioso. A interpretação de sonhos é algo considerado muito importante no islamismo. Diversos estudiosos dedicaram-se a detalhar as instruções de âmbito mais genérico encontradas no Alcorão e nas Tradições. Muitos desses detalhamentos foram feitos depois que o Profeta já havia falecido.

O sono é considerado "uma pequena morte" pelos muçulmanos. Como em muitas tradições espiritualistas, eles acreditam que o espírito se desprende do corpo, mas não integralmente, mantendo-se ligado a ele. E o mundo espiritual, no qual o espírito transita durante o sono, não tem paralelo com o mundo material, principalmente porque lá não existem o espaço e o tempo. O passado, o presente e o futuro são uma coisa só. Portanto, muitas pessoas podem retornar desse "passeio" trazendo informações relevantes da vida espiritual.

Quando uma pessoa tem um sonho que é chamado pelos muçulmanos de "sonho de origem angelical", pode se recordar de uma imagem precisa e literal, na qual são trazidas informações que tanto podem estar relacionadas ao passado quanto ao futuro. Essas informações podem sofrer um sutil processo de esquecimento ou obscurecimento quando o espírito retorna ao corpo e passa por planos intermediários da vida espiritual. Por esse motivo, o sonho terá de ser interpretado, pois a mensagem original se encontra ofuscada por essa passagem pelos planos inferiores.

É interessante saber que o islamismo também reserva uma parte da questão onírica para o âmbito da psicologia e da psicanálise, na medida em que distingue um outro tipo de sonho ligado ao ego e aos assuntos relacionados à vida emocional e psicológica. Um outro tipo de sonho é considerado por eles de origem diabólica, perturbadora; a maioria dos pesadelos está incluída nesse caso. A atitude em relação a estes deve ser de esquecimento, não de interpretação.

Em relação aos dervixes, o sonho serve para fornecer parâmetros que ajudam a acompanhar seu progresso espiritual e orientá-lo em relação a novas práticas, em algum tipo de aconselhamento que se faça necessário. Para que isso seja feito, o dervixe conta seus sonhos para o sheik, e para mais ninguém, e eles vão servir de referência para que seu orientador espiritual possa saber o que recomendar ao discípulo, sendo às vezes necessário mudar os exercícios que estão sendo praticados por este.

A questão hierárquica também tem uma abordagem bastante original no Islã. Ao mesmo tempo em que existem estruturas hierárquicas tradicionais, todos, mesmo os sheiks mais evoluídos espiritualmente, sabem que todos os habitantes deste plano material estão de certa forma em pé de igualdade, caminhando na mesma estrada, e o islamismo estimula e incentiva o contato direto com Deus. Antonio usa uma comparação interessante para explicar como isso se dá:

"Na verdade, uma comunidade sufi é vista como uma caravana, na qual todos estão viajando juntos com um mesmo objetivo, e ao mesmo tempo, seguindo a orientação de alguém que já percorreu aquele mesmo caminho anteriormente. Por causa disso, esse alguém já sabe o que acontece a cada passo, conhece as trilhas, os atalhos e as paisagens que vão ser encontradas ao longo do percurso. A pessoa que já seguiu esse caminho é o fundador da Ordem, e que, no nosso caso, faleceu em 1977. Como é uma pessoa de grande elevação espiritual, ele passa da vida material para a espiritual sem solução de continuidade, como alguém que sai de uma sala e entra na outra ao lado. Portanto, ele continua ativo, com sua individualidade preservada e cuidando de sua comunidade. E manifestando-se para seus seguidores e seus orientados por meio de sonhos e visões."

Cada ordem sufi tem o seu sheik, que é o representante único dessa ordem no mundo material. Aqui cabe um pequeno esclarecimento quanto ao significado da palavra "sheik", que tem um sentido genérico de se nomear alguém que é respeitado na comunidade, mas que não tem necessariamente uma função religiosa. Um líder de uma comunidade pode ser chamado de sheik; um homem abastado que influa em sua cidade também o é. Antonio, sendo brasileiro, tem um exemplo pitoresco e adequado para usar como comparação:

"É o equivalente ao 'doutor' que utilizamos em nosso país para designar pessoas dignas de algum tipo de respeito. A pessoa nem sempre obteve o título acadêmico de doutor e nem é médico ou advogado, mas é tratado como 'doutor' por sua posição dentro da comunidade e da sociedade. Também existe no meio acadêmico muçulmano a distinção dada àquele que se formou em alguma disciplina e que, portanto, recebe o tratamento de doutor. Nas comunidades sufis, o sheik é aquele que lidera a comunidade ou que representa esse líder."

Segundo o Alcorão, existem quatro modalidades de revelação, de contato com o mundo espiritual, todas mencionadas no texto sagrado. A primeira, mais simples e mais óbvia, é aquela que nos vem direto ao coração, a que comumente chamamos de intuição. A segunda e a terceira formas são mencionadas no Alcorão como que acontecendo por trás de um véu, porque vêm por meio de uma forma simbólica: os sonhos e as visões. O sonho, como já explicado anteriormente, é transmitido por meio do sono; a visão acontece em estado de vigília, e pode se manifestar em qualquer contexto ou situação, sem que precise haver uma alteração no estado de consciência de quem a recebe. Esses três métodos de contato com o mundo espiritual são possíveis para qualquer ser humano, independentemente de seu *status* ou nível de evolução. A quarta forma é atributo exclusivo dos profetas, e é o contato direto com o anjo Gabriel.

É importante se ressaltar que todas essas formas estão associadas ao contato com a chamada Mente Superior, uma parte de nós muito diferente da Mente Inferior, que é o nosso funcionamento racional habitual do estado de vigília. Na maioria das pessoas, a Mente Superior geralmente está adormecida, e se mantém assim em virtude da preponderância do ego em nossa consciência do dia-a-dia.

O objetivo final do sufismo é justamente provocar o desabrochar da Mente Superior, para que esses estados mais sutis de percepção se tornem parte da vida diária do dervixe e funcionem de forma cada vez mais clara e aprimorada. Dessa maneira, vai ficando mais e mais fácil se distinguirem as informações de origem espiritual de nossas percepções ilusórias de todos os dias.

Em relação à vida cotidiana, o dervixe é estimulado a se envolver profundamente com as rotinas da comunidade leiga ao seu redor, constituir família, ter filhos etc. O celibato é praticamente proibido no Islã. A pessoa só não se casa se não tiver ainda encontrado seu parceiro ou parceira. Em uma das Tradições do Profeta, afirma-se que "o casamento é 50% da religião", na medida em que o confronto inevitável dos dois egos por meio da união matrimonial será um campo muito apropriado para o aperfeiçoamento espiritual de cada uma das partes. No islamismo e no sufismo, está muito arraigado o conceito de que a religião não deve ser vivida apenas nos templos e igrejas, e sim na vida cotidiana.

Antonio resiste muito para falar de sua vida pessoa e profissional, mas acaba contando que se formou em engenharia eletrônica, depois especializou-se em administração de empresas e, não satisfeito, ainda cursou psicologia, obtendo seu segundo diploma superior. Fala em tom de brincadeira que continua "andando pelos telhados", fazendo alusão às aventuras dos tempos de criança. Chegou a exercer a psicologia clínica por pouco tempo, mas logo percebeu que essa não era sua vocação. Como vivia no ambiente muito dinâmico de empresas de informática, a rotina de ficar atrelado a um pequeno consultório em que recebia pessoas em busca de tratamento para seus problemas emocionais tornou-se insuportável; ainda tentou por dois anos atuar nessa área, mas acabou desistindo.

Uma informação muito importante a respeito do islamismo é a grande resistência que têm os muçulmanos a fazer qualquer tipo de proselitismo de sua religião. É praticamente impossível se encontrar um seguidor do Islã tentando convencer alguém a se converter à sua fé. Eles acreditam que toda e qualquer conversão que possa acontecer será resultado de uma ação direta de Deus, e não conseqüência de uma atitude de um sacerdote ou seguidor do islamismo. O próprio Antonio Roberto é um exemplo vivo disso, já tendo passado por tantas e tão diferentes experiências espirituais e religiosas e sentindo-se plenamente realizado na fé islâmica, caminho que encontrou sozinho, sem que ninguém o tivesse convencido a se converter.

LENDAS E HISTÓRIAS DO ISLÃ

Uma outra área pouco conhecida para quem não se aprofundou no islamismo é a relação com os assim chamados poderes paranormais ou mediúnicos. Na medida em que os profetas têm contato direto com o anjo Gabriel, esses fenômenos são considerados parte integrante da religião islâmica.

Existe um episódio extremamente significativo que aconteceu com o segundo sucessor de Maomé, o califa Omã, e que ilustra claramente a manifestação de clarividência. Em certa ocasião, ele estava em Medina fazendo a oração de sexta-feira, que é precedida de um sermão. Subitamente, Omã interrompeu sua fala, ficou olhando fixo para o ar e começou a dar instruções para que alguém tomasse cuidado com as montanhas. Havia um general muçulmano cujo nome ele gritou nesse momento e que se encontrava a três mil quilômetros de distância, envolvido em uma batalha com os persas. Depois de alguns meses, quando o general em questão retornou a Medina, explicou o que acontecera naquele dia: ele estava para entrar em um desfiladeiro quando ouviu a advertência do califa, que soou alta e clara em seus ouvidos e nos de seus soldados, evitando que caíssem em uma emboscada que os teria dizimado a todos.

Um outro episódio aconteceu com o quarto sucessor do Profeta, Ali. Ele se encontrava em uma batalha e foi ferido na perna por uma flecha que atingira um nervo. Quando seus companheiros tentaram tirá-la, a dor que Ali sentiu foi tão insuportável que os fez desistir. Este sugeriu que só tentassem novamente quando ele estivesse em oração, porque normalmente ficava transfigurado e em estado alterado de consciência durante suas preces. Assim foi feito, e a flecha foi retirada no momento em que ele se prostrava em oração, sem que sentisse dor alguma.

Uma figura muito representativa dos paradoxos e do humor presentes no islamismo é o mulá Nasrudin. Ele ficou conhecido por suas tiradas inesperadas e desconcertantes, e a mais emblemática é a decoração que escolheu para seu próprio túmulo: ao se chegar ao local pela parte da frente, o visitante vai se deparar com uma cerca e um sólido portão de ferro, fechado com uma grossa corrente e um pesado cadeado impedindo a passagem e a aproximação. Só que todo esse aparato protege absolutamente nada: ele existe apenas na parte da frente do sepulcro; as laterais e a parte de trás são totalmente abertas e livres para quem desejar se aproximar mais. A lição que se extrai daí, segundo os muçulmanos, é que, ao se aproximar do conhecimento, temos de fazê-lo pelo lado certo, para não encontrarmos uma resistência; se soubermos fazer essa aproximação, encontraremos um terreno livre e desimpedido para nós.

Um dos sheiks que presidiu a ordem à qual Antonio está vinculado também teve suas manifestações paranormais. Um dia, em meio a uma reunião de rotina, ele parou o que estava fazendo, ficou de pé subitamente e disse: “Recebemos uma instrução de ir para o Ocidente!” Imediatamente, sentou-se e começou a dar instruções a alguns discípulos para agendar palestras e conferências nos Estados Unidos, principalmente em Nova York e em São Francisco, onde acabaram sendo criadas filiais da Ordem depois de sua passagem por lá.

AS EXPERIÊNCIAS ESPIRITUAIS DO SHEIK MUHAMMAD RAGIP

Antonio Roberto Barros continua sendo um cidadão paulistano inteiramente integrado à vida de sua cidade, mas as experiências por que passou na sua busca espiritual transformaram radicalmente sua visão de mundo. Sua conversão ao islamismo, longe de parecer uma decisão de momento, foi algo amadurecido em seu interior durante muito tempo. É claro que tudo o que experimentou em Istambul transcorreu de forma muito rápida, e sua própria conversão foi algo fácil e quase instantâneo, como relatado no início desta história.

Uma das situações inusitadas veio da própria facilidade com que o sheik que dirigia a Ordem aceitou sua decisão de se converter. E ele explica que o processo acabou se dando de forma meio inversa, ou seja, ele se tornou muçulmano movido por uma experiência espiritual única, foi aceito na Ordem, e recebeu instruções para se aprofundar e ampliar seus conhecimentos sobre o islamismo depois que voltasse para sua terra.

As respostas às perguntas que fazia a si mesmo acabaram sendo encontradas *a posteriori*, conforme ia estudando e se aprofundando nos conhecimentos de sua nova religião.

“Eu não sabia o que era ser muçulmano, mas voltei com a obrigação de estudar os livros sagrados, e quanto mais eu estudava, mais respostas encontrava para as questões que havia formulado durante toda a minha vida. E então eu tive a certeza de que havia encontrado meu caminho, o entendimento a respeito da vida, da realidade, da razão da existência, tudo isso com muita clareza, além de facilmente acessível. E eu obtive não só respostas, mas minhas experiências espirituais também se tornaram mais intensas e mais freqüentes. Por isso mesmo, tornar-me muçulmano ou não acabou sendo um detalhe no meio de toda aquela experiência espiritual riquíssima que eu estava vivendo.”

E ele prossegue:

"Eu tenho tanto o que estudar e o que aprender ainda nos livros sagrados do Islã que toda aquela minha inquietação inicial, que me levou a vários caminhos respeitáveis em termos espirituais, agora se concentrou numa única fonte, que me abastece de explicações e vivências únicas. A quantidade de informação e conhecimento detalhado e profundo que encontro ali é formidável. Só Ibn Arab escreveu mais de setecentos livros, e eu sei que, por mais que estude, não vou dar conta de tudo o que foi escrito. São centenas de escritos abordando todos os níveis de entendimento do Alcorão. E eu sou uma pessoa como qualquer outra, que está procurando um entendimento da vida, apenas isso."

E tudo indica que Antonio Roberto Barros, cidadão paulistano nascido e criado na Lapa, formado em engenharia eletrônica e psicologia, realmente encontrou um caminho verdadeiro para alimentar e saciar sua busca espiritual. E tanto isso é verdade que hoje ele é o representante oficial da Ordem Sufi Halveti Jerrahi no Brasil.

E, ao receber essa incumbência, recebeu também uma nova iniciação espiritual, e com essa iniciação foi-lhe dado o nome de sheik Muhammad Ragip, e é assim que ele se apresenta atualmente nos eventos religiosos e espirituais de que participa. É uma liderança importante e respeitada não só no meio islâmico, mas também em todos os encontros ecumênicos realizados em São Paulo, no Brasil e no mundo. E certamente está contribuindo de maneira substancial para estimular o debate inter-religioso e a convivência com outras tradições espirituais.

Chandra Mukha Swami

QUEM É

Um dos principais líderes religiosos do movimento Hare Krishna no Brasil, Chandra Mukha Swami, cujo nome civil é Cláudio Cury Franco, nasceu na cidade de Dracena, no interior de São Paulo, em uma família que tinha origem sírio-libanesa por parte de mãe e espanhola por parte de pai. Sua formação religiosa sempre teve um caráter pluralista, porque a família materna era católica e a paterna, espírita kardecista.

As atividades religiosas de início foram dentro da Igreja Católica, e Cláudio lembra-se de que, desde pequeno, tinha uma relação bem pessoal com Deus, com perguntas e questionamentos que iam além do habitual nos jovens de sua idade. Participava de muitas atividades na igreja, desde as de lazer, como o futebol, até tomar parte da Congregação Mariana.

Essa rotina seguiu sem grandes alterações até quando tinha por volta de 14 anos e conheceu o novo padre que havia acabado de chegar para ser o responsável por sua paróquia. Na primeira reunião que tiveram com o novo orientador espiritual, Cláudio começou a fazer inúmeras perguntas ao padre e percebeu que ele não estava interessado em lhe fornecer nenhuma resposta; sua atitude foi de impaciência e de desinteresse pelas perguntas do jovem. Isso foi suficiente para provocar nele um imediato desinteresse pelo catolicismo.

"Eu me senti muito desmotivado com a falta de interesse do novo padre, porque meu questionamento era sincero; eu estava querendo entender uma série de coisas sobre o cristianismo e o catolicismo e me senti totalmente desencorajado pela atitude dele. Quando não se mostrava claramente impaciente com minhas perguntas, ele as respondia de maneira lacônica e não escondia sua irritação com meu questionamento."

Como tinha outra opção dentro da própria família, Cláudio começou a se aproximar do espiritismo, freqüentando as reuniões da família de seu pai e pesquisando suas teorias acerca da vida e da morte. Gostou muito das diversas respostas que encontrou sobre questões como a sobrevivência do espírito, a reencarnação, o carma e diversos outros temas que o interessavam e despertavam sua curiosidade, sempre aguçada em relação aos assuntos espirituais.

A única coisa que ainda o deixou com uma sensação de frustração foi a ausência do aspecto devocional e ritualístico, que na prática católica o fascinava e que não fazia parte da abordagem kardecista, já que esta se baseia mais no estudo, na oração e na caridade.

"O que aconteceu comigo é que eu gostava muito do aspecto devocional do catolicismo, das liturgias e dos rituais, mas não me satisfazia com as explicações doutrinárias; já no kardecismo falava-se muito em caridade, que eu acho maravilhoso, em desenvolvimento da mediunidade – que eu já não gostava tanto – e em reencarnação, mas a meu ver não havia um aprofundamento do estudo da natureza de Deus, que era uma das minhas grandes curiosidades. Eu gostava muito do aspecto do estudo, mas no espiritismo eu não encontrei a parte devocional. Achei que o conhecimento de Deus tinha sido deixado meio de lado. No fim das contas, foi isso que aconteceu: eu gostava do lado do conhecimento, mas sentia falta dos rituais, das liturgias."

PULANDO FORA (MAS NEM TANTO...)

Ao completar 17 anos, cansou-se das questões espirituais, deixou tudo de lado, abandonou a cidade de São Paulo, onde morava com a família, e foi morar com alguns amigos em Arraial do Cabo, na Região dos Lagos fluminense.

Mesmo assim, porém, parece que a espiritualidade estava sempre por perto: era a época do movimento *hippie*, e Cláudio começou a ler a revista *Planeta*, os livros de Hermann Hesse e a praticar ioga. Esta última foi o que mais o fascinou, mas ainda sentia que a visão de Deus transmitida pela prática iogue era muito impessoal. A herança do aspecto devocional do catolicismo continuava a conduzir sua inquietação espiritual.

"Eu me sentia muito bem com os exercícios, os *asanas*, a prática da meditação e gostava também dos elementos filosóficos, que eram mais presentes até do que no espiritismo, mas via que a relação com Deus ainda era muito impessoal para o que eu buscava. Eu sentia falta de um Deus pessoal."

Depois de um ano e meio de vida em Arraial do Cabo, Cláudio resolveu ir morar no Rio de Janeiro e retomar os estudos, pois tinha interrompido a faculdade de jornalismo quando saiu de São Paulo. Conseguiu um emprego na Rede Globo, e foi trabalhar no "Jornal Hoje". Foi nessa época que tomou contato com o movimento Hare Krishna.

"Quando conheci o movimento foi que tudo se completou para mim, porque vi o lado ritualístico de que tanto gostava da Igreja católica, vi o lado filosófico de que gostava do espiritismo – até mais aprofundado –, vi a questão da prática da ioga e da meditação muito intensificada, levada a uma rotina diária, tudo isso junto. Então, para mim, o quadro se completou! Foi uma espécie de progressão: do catolicismo para o espiritismo, daí para a ioga e, finalmente, para o movimento Hare Krishna, que não contrariou minhas experiências anteriores; ao contrário, reuniu tudo e colocou a cereja no bolo. O *Bhagavad Gita* talvez seja o único livro sagrado narrado na primeira pessoa; é Krishna, em pessoa, falando conosco, o contato é direto."

A experiência do primeiro contato de Cláudio com os ensinamentos do Bhagavad Gita foi marcante sob vários aspectos: ele foi ao templo pela primeira vez numa sexta-feira, comprou um exemplar do livro e um rosário conhecido nas religiões hindus como "japamala". "Japa" é a recitação de um dos nomes de Deus, e "mala" é o próprio rosário. A finalidade é muito semelhante à do rosário dos católicos, com a diferença que a única prece a ser recitada é o que se chama de "Maha Mantra", ou seja, o Grande Mantra:

Hare Krishna, Hare Krishna
Krishna Krishna, Hare Hare.
Hare Rama, Hare Rama
Rama Rama, Hare Hare.

Esse rosário possui 108 contas, um número sagrado para o hinduísmo, e o ritual consiste na recitação do Maha Mantra uma vez em cada uma das 108 contas.

Nessa mesma sexta-feira, à tardinha, Cláudio partiu para um fim de semana em Saquarema com os amigos. O livro e o rosário foram com ele. Teria de voltar no domingo de dia, porque estava na escala jornalística que iria dar cobertura ao "Fantástico" na noite de domingo. À noite, enquanto tocavam violão na praia de Itaúna, nas rodinhas típicas daquela época, ele começou a tentar encaixar a letra do Maha Mantra nas diversas músicas que ia tocando no violão.

O CHAMADO DE KRISHNA

Resolveu ir dormir cedo e, no dia seguinte, ao acordar, pegou o *Bhagavad Gita* e saiu caminhando e lendo pela praia, algo que nunca fizera antes na vida. Depois de Itaúna, a próxima praia é uma enorme faixa de areia de 15 quilômetros de extensão chamada Massambaba, que se estende até Arraial do Cabo. É claro que ele não chegou até lá, mas estava tão fascinado pela leitura do *Gita* que não percebeu quanto tinha caminhado.

"Acordei cedo e saí caminhando pela praia e lendo, fascinado com o que estava descobrindo, e, conforme eu progredia no livro, fui me dando conta de várias coisas, porque encontrei ali tudo o que já estava dentro de mim, mas de uma forma desorganizada. Eu li sem parar até o terceiro capítulo, e isso quer dizer que caminhei durante horas e horas sem perceber."

Quando voltou da longa caminhada, encontrou os amigos e soube que eles estavam combinando uma grande festa para mais tarde. Já completamente tocado pela leitura, perdeu todo o interesse pela programação organizada pela turma. Deixou seu carro com eles, pegou uma carona e voltou para o Rio naquele mesmo sábado. Ao chegar em casa, deparou com outra festa: como os pais tinham viajado, seu primo aproveitou para convidar uns amigos para beberem e dançarem juntos.

Cláudio pediu ao primo, de forma muito tranqüila, que encerrasse a festa. Disse a ele que ia dar uma caminhada no quarteirão e que gostaria de encontrar a casa em completo sossego quando retornasse. E assim foi feito. Bem-humorado, conta o que achou das tentações que se apresentaram a ele quando optou pela espiritualidade:

"Voltei de Saquarema decidido a embarcar totalmente na vida espiritual, e foi engraçado porque parece que, nessa hora, o lado ilusório da vida, que em sânscrito é chamado de *maya* (ilusão), nos acena com todas as tentações possíveis, procurando fazer com que continuemos na superfície das coisas. Para levar adiante minha decisão, tive de fugir de duas festas no mesmo dia: uma com meus amigos, em Saquarema, e outra em minha própria casa, no Rio."

No dia seguinte, domingo de manhã, acordou e foi para o Templo, uma casinha pequena no bairro da Glória, no centro da cidade. Ao chegar lá, logo se engajou nos trabalhos voluntários, ajudando a descarregar uma caminhonete que trazia os legumes necessários para a refeição do festival que é realizado todos os domingos. Não pôde ficar muito tempo porque precisava cumprir sua escala no "Jornal Hoje", mas já saiu de lá com a certeza de que encontrara seu caminho, de que já era outra pessoa.

Na segunda-feira, a decisão final: comunicou a seus chefes e colegas de TV Globo que iria se demitir do emprego. A surpresa foi total. Para tentar dissuadi-lo, ofereceram-lhe a oportunidade de ser promovido para o "Jornal Nacional", o programa de maior audiência da rede. Continuou irredutível. Ele conta:

"Acredito que, quando a gente toma uma decisão de partir para a vida espiritual, os testes aparecem; as duas festas no sábado foram os primeiros. E aí, imagina só: um cara de 20 anos de idade, trabalhando na TV Globo, nos melhores programas jornalísticos da emissora, de repente pede as contas. Ninguém acreditou. Eu tinha um primo que era gerente administrativo do jornalismo, e ainda tentaram me oferecer para ir para o 'Jornal Nacional', para ver se eu desistia da idéia, mas me mantive firme em minha decisão."

OS PRIMEIROS TEMPOS

Nessa época, o movimento Hare Krishna dava seus primeiros passos no Brasil, e Cláudio está entre aqueles que fizeram parte do primeiro grupo de devotos. Os núcleos iniciais eram ainda muito incipientes e partiam da iniciativa de pessoas que tinham chegado de viagens ao exterior, onde o movimento já era mais estruturado, e faziam pequenas celebrações nas praias ou em praças, onde cantavam o Maha Mantra e confraternizavam. Não havia uma representação oficial de pessoas ligadas ao movimento. O registro civil da Sociedade Internacional para a Consciência de Krishna, entidade responsável pelo movimento, foi feito por esse primeiro grupo de pioneiros do qual ele fazia parte.

Até hoje, em palestras, muitas pessoas lhe perguntam se o movimento é uma religião. Cláudio responde perguntando qual é o conceito que a pessoa tem do termo "religião", e já existem dados que confirmam que nem todos sabem o que a palavra significa. Não é que com isso ele queira negar o aspecto religioso, mas na sua impressão, a mensagem que o venerável Srila Prabhupada, o fundador do movimento Hare Krishna, trouxe para o Ocidente é mais ampla do que um movimento religioso.

"O que Prabhupada trouxe é muito complexo, é toda uma cultura que acompanhou o aspecto religioso e devocional, e essa cultura é de uma complexidade enorme. O aspecto religioso é muito forte, sem dúvida, mas é totalmente subjetivo, e está compreendido no sistema, que é muito mais vasto. Existem ensinamentos sobre saúde, sobre alimentação, sobre como constituir uma família, como desfrutar plenamente da vida num sentido espiritual. Tudo é formatado de novo quando a pessoa se torna um devoto.

"A grande diferença do sistema ocidental é que nele a meta é basicamente a satisfação dos sentidos, é uma abordagem sensorial. Tudo gira em torno disto: como a pessoa se veste, como ela se pinta, e até mesmo a religião é voltada para o aspecto sensorial. Na consciência de Krishna, o objetivo é a realização espiritual; existem as mesmas diretrizes sobre como conduzir a vida, mas elas visam sempre a realização espiritual. Uma frase muito importante que está no livro dos *Puranas* afirma que o conhecimento védico não é para informação, e sim para transformação."

Para dar seqüência a seu compromisso com a vida espiritual, Cláudio abandonou a faculdade de jornalismo e começou a estudar os livros sagrados hindus. E sua opção acabou por forçá-lo a decisões ainda mais radicais, como a saída da casa dos pais. No fim dos anos 1970, mesmo com todos os eventuais avanços no campo das telecomunicações e com a informação que chegava a todos os lares pela televisão sobre os novos hábitos e costumes vindos do Oriente, qualquer opção que se chocasse com os hábitos tradicionais de nossa cultura só poderiam ser assumidos plenamente caso houvesse essa ruptura com o núcleo familiar original, que ainda resistia a aceitar esse tipo de mudança.

Embora hoje em dia seja mais possível se fazer uma mudança desse tipo sem as rupturas radicais dos anos 1970, e atualmente Cláudio mantenha uma relação de total aceitação e integração com sua família, na época foi inevitável que houvesse a separação.

Com o registro da sociedade e a definição de seus objetivos e princípios, o movimento foi se organizando paulatinamente. Os primeiros núcleos se formaram no Rio, em São Paulo e em Salvador, e a base desses primeiros tempos foi a publicação e a venda dos livros que divulgavam a cultura védica. Era comum nessa época se encontrarem jovens vestidos com túnicas alaranjadas e cabeça quase totalmente raspada vendendo seus livros e incensos nos sinais de trânsito dos grandes centros urbanos.

CLÁUDIO CURY FRANCO SE TORNA CHANDRA MUKHA

Sua entrada plena no movimento se deu no ano de 1979, dois anos depois do falecimento de Prabhupada. Cláudio, portanto, não foi um discípulo direto dele, mas sim de um de seus principais sucessores. De qualquer maneira, o fundador da Sociedade Internacional para a Consciência de Krishna sempre teria uma ligação, mesmo que indireta, com todos os seus discípulos, sendo ele o fundador da ordem. Ainda nesse mesmo ano de 1979, quase no fim, Cláudio passou pela primeira iniciação. Ele explica:

"As iniciações básicas são duas; na primeira, você faz uma espécie de voto de cumprir as determinações fundamentais de nossa rotina, que são o canto do Maha Mantra por meio da recitação do nome de Deus com o uso do rosário (o 'japamala'), sendo que nós fazemos esse 'circuito' completo do rosário de 108 contas 16 vezes todos os dias de manhã. As outras diretrizes são para que se evitem a intoxicação, o consumo de carne, o sexo ilícito e os jogos de azar.

"Depois de um período durante o qual esses princípios são mantidos e respeitados, participamos de uma cerimônia belíssima de iniciação na qual nosso mestre nos atribui um nome espiritual, e isso queima todo o nosso karma passado. Assim, há um renascimento."

Deixando de lado o nome de batismo e assumindo plenamente sua nova identidade, Chandra Mukha passou pela segunda iniciação no ano seguinte e se tornou um *bramana*. Essa etapa ocorre quando o iniciado demonstra constância e estabilidade em sua nova vida espiritual e, com um conhecimento mais aprofundado das escrituras, tem acesso a uma série de procedimentos e rituais específicos do *bramana*.

Seis anos depois, Chandra Mukha passou por outro rito, bem menos comum e oferecido a poucos devotos: foi iniciado como *swami*, escolha que compreende os votos de castidade e renúncia. Para que se tenha uma noção da seriedade desses votos, basta dizer que, depois de trinta anos de existência da Sociedade no Brasil, existem apenas quatro *swamis*.

Aqui cabe uma explicação: o *bramana* ou *bramacharya* não assume o compromisso de renúncia absoluta; ele pode escolher uma vida parcial de renúncia, e durante esse período praticar a castidade e a abstinência sexual, mas pode mais tarde optar por levar uma vida leiga, casando e constituindo família. Somente o *swami* é um renunciado pleno à vida mundana.

Chandra Mukha, agora já acrescentando a condição de *swami* a seu nome espiritual, passou por mais um ritual muito restrito no ano de 2005, a partir do qual se tornou um dos quatro *gurus* do movimento no Brasil, com autoridade para desempenhar o ritual de iniciação dos novos devotos.

Todas as tradições religiosas orientais valorizam muito a sucessão discipular. Isso acontece igualmente no budismo e na maioria das religiões surgidas no Oriente. A transmissão do conhecimento de mestre para discípulo é parte importante do processo de crescimento e evolução espiritual, por isso a necessidade de sempre haver mestres qualificados para desempenhar os rituais e manter viva a linha sucessória. O guru ou líder espiritual – e isso vale para todas as tradições, sejam elas orientais ou não – é o pai espiritual de seus discípulos e tem a responsabilidade de assumir esse papel.

O FUNDADOR DO MOVIMENTO

O fundador da Sociedade Internacional para a Consciência de Krishna foi o venerável Srila Prabhupada, um monge hindu que chegou ao Ocidente já com 70 anos. Ele recebeu de seu mestre espiritual essa incumbência de viajar para a América e divulgar a cultura védica quando ainda era recém-casado. A partir daí, dedicou-se ao estudo dos Vedas e da língua inglesa durante muitos anos, e com 51 anos tornou-se um monge renunciado, um *swami*, fato relativamente comum na cultura indiana e muitas vezes associado com a época da aposentadoria. Depois que os filhos estão criados e encaminhados na vida adulta, muitos indianos se voltam para a vida espiritual e abandonam a vida mundana em busca de maior aperfeiçoamento de sua espiritualidade.

Prabhupada renunciou a seus bens materiais em favor da esposa e, com a concordância de toda a família, passou a se dedicar à vida religiosa. Aprofundou seus estudos da literatura védica e do inglês, e tentou durante 19 anos viajar para o Ocidente, sem sucesso. Somente aos 70 anos conseguiu juntar a insignificante quantia de sete dólares e partiu em sua viagem em um navio cargueiro. Isso aconteceu em 1965. Sofreu três infartos durante a viagem, que durou quarenta dias, e chegou a Boston totalmente sozinho, sem conhecer ninguém.

Foi para uma praça com um par de pequenos címbalos e começou a cantar o Maha Mantra. Seu primeiro público foram os *hippies*, que já começavam a se interessar pelas filosofias orientais, inspirados pelos estudos de alguns intelectuais respeitados, como Alan Watts e Allen Ginsberg, e pelos romances de Hermann Hesse. Com o desenvolvimento da contracultura, que vinha acompanhando e de certa forma suprindo de informações o movimento *hippie*, Prabhupada conseguiu em pouco tempo conquistar o respeito e a consideração de muitas cabeças importantes do pensamento alternativo norte-americano.

Os tempos eram bastante confusos no que diz respeito ao comportamento dos jovens que começaram a divulgar o trabalho do venerável hindu, e ainda ocorreram muitas misturas de drogas lisérgicas com práticas meditativas. Prabhupada, entretanto, conviveu com muita dignidade, elegância e compaixão com pessoas que nem sempre seriam consideradas as companhias mais recomendáveis para um velho monge indiano. Mas ele seguia em frente, convicto de sua honestidade de propósitos e imbuído da certeza de que cumpriria a missão que lhe fora dada por seu guru.

Com isso, o movimento Hare Krishna foi crescendo de maneira exponencial não só nos Estados Unidos, mas por todo o mundo, e 11 anos depois, quando Srila Prabhupada faleceu, deixou como herança 108 templos (novamente o número sagrado dos hindus) fundados e espalhados por todo o mundo, além de escolas, fazendas e uma credibilidade inatacável de sua reputação, conduta e conhecimento da milenar cultura védica. A literatura que se propôs a divulgar no Ocidente estava a essa altura traduzida em dezenas de idiomas e os devotos espalhados pelo mundo se contavam aos milhares.

A parte do trabalho relativa aos livros foi realizada de maneira quase inacreditável: como tinha de viajar muito para estabelecer os numerosos templos por toda parte, o venerável monge dedicava as horas da noite ao trabalho de passar para um gravador todo o seu conhecimento sobre as tradições védicas, que posteriormente era transcrito por algum auxiliar próximo. Como acontece com a maioria dos líderes religiosos convictos de seu trabalho espiritual e imbuídos de sua missão, Prabhupada dormia muito pouco, cerca de duas horas por noite, e era nessas horas em que todos os outros descansavam que ele cuidava da tradução das escrituras sagradas hindus para o inglês.

E estamos falando de um trabalho hercúleo: só uma parte do que foi publicado – a coleção chamada Srimad Bhagavatan – é composta de 18 mil versos que, além de terem sido vertidos para o inglês, foram minuciosamente interpretados por ele. Existe também um vasto material originado de palestras e aulas ministradas que foram transcritas e publicadas pela Fundação Bhaktivedanta, o braço editorial da Sociedade Internacional para a Consciência de Krishna.

Chandra Mukha explica que Prabhupada se pautava por quatro diretrizes para levar adiante seu trabalho:

"Ele dizia que: 1) os livros são a base de tudo; 2) é preciso propagar o conhecimento, mas ele usava uma palavra em inglês ('preach' – pregar) que eu não gosto de usar em português porque tem um sentido meio proselitista; 3) pureza é força; 4) utilidade é o princípio.

Uma coisa que eu vejo muito forte em nosso movimento é a disposição dos devotos de Krishna de falar em público sobre os ensinamentos deixados pelo nosso guru. Nós preferimos a palavra viva em vez de projetar filmes ou vídeos sobre o movimento. Outra coisa muito bonita na atitude dele foi a sua permanente discrição como figura pública; ele achava que quem tinha de ficar conhecido era Krishna, e não ele."

Outra convicção de Prabhupada dizia respeito à parceria que podia ser firmada entre Oriente e Ocidente: ele afirmava que a Índia era o aleijado e o Ocidente era o cego. Com isso, reconhecia na espiritualidade hindu um conhecimento profundo que poderia melhorar a vida das pessoas em geral, mas reconhecia também a falta de recursos de infra-estrutura para tornar isso possível. No outro lado, percebia que a vida no Ocidente era cega para a espiritualidade, mas vislumbrava a forte infra-estrutura de propagação e divulgação que poderia levar adiante o conhecimento das escrituras védicas. Não se sabe se essa explicação veio de seu guru quando o incumbiu de divulgar o conhecimento de Krishna no Ocidente ou se foi uma conclusão a que chegou por si próprio depois de desembarcar nos Estados Unidos.

Um exemplo prático dessa parceria está acontecendo na cidade de Vrindavana, onde Krishna nasceu e viveu há mais de cinco mil anos: são os ocidentais devotos dele que estão levantando e aplicando os recursos financeiros necessários para a recuperação dos milhares de templos e das florestas sagradas que fazem parte do patrimônio da região, patrimônio este que estava totalmente devastado e relegado ao abandono.

UM POUCO DA HISTÓRIA DE KRISHNA

Para se entender o objetivo da vinda de Krishna ao mundo, é preciso fazer uma pequena introdução aos princípios básicos da filosofia védica que fundamentam o movimento que leva seu nome. Começamos pela noção dos quatro pilares do *dharma*, palavra que significa espiritualidade, virtude, ação correta; esses pilares são: compaixão, pureza, disciplina e verdade. Na época de seu nascimento, segundo a cronologia védica, nosso planeta ingressava numa era conhecida como *Kali Yuga*, que é o período da decadência da civilização no qual preponderam a crueldade – principalmente por meio da matança dos animais –, a promiscuidade sexual, a intoxicação e os jogos de azar, justamente as quatro contraposições aos pilares do *dharma*.

É importante destacar que alguns desses conceitos, embora pareçam ingênuos e até puritanos, têm um alcance maior do que possa parecer à primeira vista. Chandra Mukha explica:

"Quando falamos de intoxicação, é claro que estamos também nos referindo ao álcool e às drogas, mas existem diversos outros tipos de intoxicação a que estamos sujeitos em nossa vida diária: o excesso de informação, seja ele adquirido pela televisão ou mesmo pela internet, é uma maneira de se intoxicar. Não são os veículos em si que intoxicam – afinal, os devotos de Krishna vêem televisão e usam a internet –, mas nossa dificuldade em definir limites para aquilo que absorvemos por meio desses veículos. Quer ver um outro tipo de intoxicação muito grave? O orgulho. O homem orgulhoso é o delirante-mor, totalmente intoxicado pela auto-importância equivocada que se atribui. Alguém se considerar importante em meio a essa imensidão do universo é o maior de todos os delírios..."

A vinda de Krishna, portanto, teve como propósito principal reavivar a essência dos Vedas, os ensinamentos sagrados que ajudariam os seres humanos a atravessar a era de *Kali* com um mínimo de preparo espiritual. O livro sagrado do hinduísmo, o *Bhagavad Gita*, que é também o principal livro dos Hare Krishnas, traz uma síntese de toda a filosofia védica apresentada sob a forma de um diálogo entre Krishna e o guerreiro Arjuna. Até a forma do texto – um diálogo entre um guerreiro e uma encarnação divina – tinha a intenção de facilitar a compreensão desses ensinamentos, ao se apresentar como uma conversa entre o guerreiro que simboliza todos os seres humanos com suas dúvidas e incertezas sobre a vida, e Aquele que era o próprio Deus encarnado em forma humana.

E, como se essa vinda de Deus à Terra pudesse não ser suficiente para esclarecer os seres humanos sobre os tempos que estavam vivendo, acredita-se que Krishna tenha retornado há poucos mais de quinhentos anos na forma de um grande propagador do movimento devocional, que foi Sri Chaitânya. Ele nasceu no ano de 1486 da Era Cristã e foi o responsável pelo processo de revalorização e reorganização da devoção a Krishna, principalmente por meio do hábito do canto do Maha Mantra.

Aqui cabe uma outra explicação bastante lógica a respeito da prática condizente com cada uma das quatro eras em que se divide a cronologia védica. As eras são precessionais, ou seja, começam de um ponto culminante em que as civilizações são extremamente sadias, organizadas e felizes e vão se deteriorando gradativamente até a decadência que caracteriza a última etapa, para então haver uma destruição total das civilizações e o reinício a partir da era dourada novamente.

Em cada uma dessas etapas, existe uma prática mais recomendada para se fazer a conexão com a vida espiritual e divina: na primeira era, chamada de *Satya Yuga*, essa prática era a meditação; na segunda, *Treta Yuga*, a prática era a das oferendas rituais; na terceira, *Dwapara Yuga*, recomendava-se a adoração feita nos templos; e, por fim, na *Kali Yuga*, o principal método de se relacionar com o divino é por meio do canto devocional. Essa é a razão pela qual os *hare krishnas* são sempre vistos cantando o Maha Mantra.

O interessante é que a explicação da necessidade e da importância do canto não se restringe à religião hindu. Em todas as tradições espirituais, independentemente de sua origem e prática, percebe-se que os cânticos são realmente uma parte fundamental de todos os rituais religiosos.

Chandra Mukha dá uma explicação bem-humorada sobre a necessidade do canto como fator de eliminação das impurezas que acumulamos diariamente em nossa vida:

"Da mesma maneira que usamos sabonete e xampu todos os dias para limpar nosso corpo e nossos cabelos, também precisamos de um xampu para a alma. A vida diária nos enche de preocupações, tristezas, angústias, coisas que não fazem parte de nossa natureza espiritual, mas são parte de *maya*, das ilusões do mundo material. O canto devocional atua como esse xampu da alma, purificando e elevando nossa natureza, funcionando como um limpador das impurezas que acumulamos a cada dia. Não importa se cantamos para Jesus, para Jeová ou para Krishna; nessa hora estamos invocando o nome de Deus e isso surte efeito; é uma vibração transcendental que dá resultado imediato."

Isso não significa que as práticas relativas a cada uma das *yugas* não tenham validade durante uma outra era. Todas as outras atividades continuam a ser praticadas, não só no hinduísmo mas em todas as tradições religiosas, porém a *shakti*, o poder, ou o axé, para usarmos uma palavra que nos é familiar, repousa em uma prática específica durante aquela *yuga*. E agora estamos na época em que o canto devocional é a atividade mais recomendada.

Sri Chaytânia foi, portanto, o principal responsável pela retomada da prática do canto devocional, mobilizando grandes multidões para que cantassem juntas. Por isso ele é considerado pelos *hare krishnas* uma reencarnação do próprio Krishna e o patrono e principal inspirador do movimento.

O QUE É A ISKCON

Como já foi relatado anteriormente, a Iskcon (International Society for Krishna Consciousness) foi fundada originalmente nos Estados Unidos por Srila Prabhupada, que seguiu depois para a Europa em sua missão de espalhar templos de Krishna por todo o mundo. Ele chegou a tentar organizar o movimento na própria Índia, mas no primeiro momento não obteve sucesso. O fato de todos os indianos serem devotos de Krishna acabou dificultando sua iniciativa; afinal não havia nada de novo em se criar locais de devoção para uma divindade que já era adorada por toda parte.

Só conseguiu provocar um impacto e obter resultados em seu próprio país anos mais tarde, quando lá voltou com um grupo de devotos ocidentais já totalmente familiarizados com os ensinamentos que ele havia propagado. Quando os indianos viram aquele grupo de "brancos" de cabeça raspada, vestidos com túnicas alaranjadas e cantando mantras em sânscrito, ficaram impressionados com a capacidade daquele velho monge. Desde então, houve um crescimento exponencial do movimento na Índia, e nos dias de hoje a Iskcon é uma sociedade fortemente estruturada e muito presente em todo o país, graças à obstinação e determinação do venerável Sri Prabhupada.

As atividades que norteavam a sociedade em seu começo eram poucas e bem objetivas: imprimir e distribuir livros que eram vendidos pelos devotos nos sinais de trânsito, cantar o Maha Mantra em lugares públicos, realizar os "Festivais de Domingo" nos templos já erigidos, nos quais os interessados se reuniam para cantar, partilhar refeições vegetarianas (*prashada*, a comida sagrada) e ouvir palestras sobre o *Bhagavad Gita*.

O movimento é uma sociedade e, como tal, abrange muitas funções e responsabilidades. Um detalhe importante nessa conduta dentro do movimento é a atenção dedicada aos que entram de maneira empolgada para a instituição e logo querem se dedicar a uma vida de monge, com o compromisso do celibato e da renúncia. Os dirigentes sempre procuram administrar esse entusiasmo com cuidado, como Chandra Mukha explica:

"Foram muitos os que queriam logo de saída se dedicar à vida celibatária, e com isso perdiam anos e anos de vida lutando contra suas próprias naturezas, embora nós sempre aconselhássemos o contrário. É melhor se casar, constituir uma família e levar adiante uma vida espiritualizada dentro do movimento do que ficar anos forçando uma situação que não condiz com a natureza daquela pessoa. Uma sociedade como a nossa tem espaço e função para todos, ela não é constituída apenas de monges e renunciados. Não é preciso morar no templo para se trabalhar espiritualmente."

A Sociedade Internacional para a Consciência de Krishna tem duas bases importantes hoje em dia no Brasil: uma delas é uma fazenda na região de Pindamonhangaba, no estado de São Paulo, chamada Nova Gokula, onde vivem e trabalham numerosos devotos do movimento. A outra é um pequeno sítio, um *ashram*, chamado *Vrajabhumi*, localizado entre as cidades de Teresópolis e Nova Friburgo na região serrana do Estado do Rio, que é a base residencial de Chandra Mukha Swami. É um local belíssimo, com um pequeno lago, um lindo templo dedicado a Krishna, uma pousada que é a sede principal e diversos bangalôs espalhados pela propriedade. Quando não está viajando pelo país, é lá que se pode encontrar o líder religioso, supervisionando as atividades do lugar, que oferece regularmente cursos, palestras e workshops para os adeptos e os interessados na cultura védica.

A estrutura administrativa é colegiada, e sempre foi assim, desde seu início. Uma estratégia inteligente de Prabhupada, que não quis individualizar nem personalizar o movimento em cima de um possível sucessor seu. Quando faleceu, em 1977, aos 85 anos, ele já havia designado um grupo de 11 gurus que seriam os gestores da sociedade, e o esquema funciona até hoje dessa maneira, sem cultos à personalidade de ninguém a não ser ao próprio Krishna, "a suprema personalidade de Deus", no dizer dos livros sagrados do movimento.

A ROTINA E A POSTURA DE CHANDRA MUKHA SWAMI

Um aspecto muito interessante dos hábitos dos *hare krishnas* é a naturalidade com que convivem com a vida moderna, participando dela de muitas maneiras, mas mantendo suas convicções e seus princípios de forma totalmente íntegra. Como as artes – principalmente a música – são muito incentivadas na cultura védica, os devotos estão sempre envolvidos com a prática de algum instrumento ou mesmo com o hábito de cantar os hinos devocionais.

Chandra Mukha é um músico e compositor talentoso, com vários discos já gravados – todos eles devocionais, é claro –, nos quais conta com a participação de nomes conhecidos da nossa música popular. Há algum tempo, quando o compositor e cantor Nando Reis começou sua carreira solo depois de se desligar dos Titãs, compôs uma música para a qual convocou a participação de Chandra Mukha e de um grupo de devotos. Eles não só participaram da gravação do disco, como estiveram presentes em várias apresentações de TV e shows de lançamento da música.

Além disso, honrando a tradição da disseminação do conhecimento por intermédio dos livros, ele é também autor de vários trabalhos publicados sobre sua tradição espiritual. Como a maioria dos líderes do movimento, Chandra Mukha viaja pelo Brasil constantemente, fazendo palestras e shows, supervisionando as diversas sedes espalhadas por todo o país, dando assistência espiritual a seus discípulos e participando de eventos ecumênicos e pluralistas como representante de sua tradição religiosa.

Esse pluralismo faz com que Chandra Mukha fale com muita tranqüilidade e conhecimento de causa das palavras e do sentido da missão de Jesus:

"Jesus falou: 'Eu e o Pai somos um.' Como ele tinha um poder de síntese muito grande, essa frase tem um significado muito profundo e condizente com a nossa tradição. Como nós acreditamos que na fusão final com a Consciência Divina não existe a dissolução total pregada por algumas tradições, a frase de Jesus se aplica muito bem a nós. Existe a consciência de unidade com Deus, mas nós somos o 'Deus filho', e existe o 'Deus Pai'. Portanto, cada um de nós tem sua individualidade eterna, sua centelha divina, a alma infinitesimal, que é chamada de *jivatma*. Além disso, existe também um terceiro componente, a alma infinita, que é *paramatma*. Podemos fazer a analogia do *paramatma* com o conceito do Espírito Santo. Isso quer dizer que cada um de nós tem consciência de si próprio e consciência da alma infinita ao mesmo tempo que tem consciência Dele. Mal comparando, é como um pássaro verde numa árvore verde; existe uma identificação, uma fusão, mas não uma dissolução."

Chandra Mukha cita outro exemplo, no caso um exemplo astronômico para reforçar essa analogia:

"Quando abrimos a janela de manhã e dizemos que o Sol entrou em nossa casa, na verdade foram os raios do Sol que aqui chegaram; o Sol continua lá no mesmo lugar, mas sua energia chega até nós. Toda energia tem uma fonte, uma origem. Essa origem nós chamaríamos de Deus Pai; a energia que chega até nós sob a forma dos raios do Sol é o que poderíamos considerar o Espírito Santo; e nós, que testemunhamos e sentimos os raios do Sol, somos os filhos, cuja existência se deve à existência do Sol e de seus raios."

Essa concepção da trindade, tão comum a diversas tradições religiosas, pauta a conduta dos *hare krishnas* de forma clara e definitiva. Eles acreditam que viemos a este mundo de *maya* para experimentar a existência com os sentidos da matéria, e enquanto estivermos presos a essa ilusão, continuaremos a voltar a essa matéria em sucessivas reencarnações, até percebermos que a graça da existência está no serviço ao próximo e na noção de que temos dentro de nós essa partícula divina que nos lembra de nossa essência primordial.

Outro aspecto muito importante da filosofia védica é a noção da existência de vida em outros corpos celestes, em outros planetas, assunto que Prabhupada abordava em suas palestras e que tratou de forma específica em alguns de seus livros. O termo sânscrito para esses mundos é *loka*. Com base nessa analogia da existência do Sol com o pensamento de Jesus, Chandra Mukha explica um pouco dessa noção da pluralidade das existências, que também foi um tema abordado por Allan Kardec, o codificador do espiritismo. A explicação pode parecer irreal no primeiro momento, mas é totalmente lógica em sua essência e muito bem-humorada:

"Nós acreditamos que existem seres habitando diversos outros mundos em diversas outras formas diferentes da nossa. Por exemplo, acreditamos que existem milhões de seres que têm corpos ígneos e que habitam o Sol. Você pode achar isso uma loucura, mas imagine que seja verdade, e que algum desses seres diga a outros semelhantes a ele que lá naquele terceiro planeta do sistema deles, aquele azul, existem seres que são feitos 70% de água. Vai ser tachado como louco e seus amigos vão rir dele."

Segundo a descrição dos Vedas, acredita-se que existam três níveis de sistemas planetários nessa existência, que o monge chama de "penitenciária cósmica": o sistema inferior, o intermediário – do qual a Terra faz parte – e o superior, dos mundos celestiais. Com isso, de acordo com essa visão bem-humorada, existem também três tipos de "celas" nesta penitenciária: de primeira, segunda e terceira classe. Ele acha que a principal característica da filosofia védica é que ela busca a libertação final dessa prisão, em vez de apenas se preocupar em melhorar as instalações que ocupamos nesta prisão existencial:

"Não adianta você querer colocar ar-condicionado, conexão de banda larga e TV a cabo em sua cela se vai continuar preso nela. O objetivo deve sempre ser a libertação desta prisão em que todos nós vivemos. A meta não é organizar, reformar a penitenciária, mas se libertar dela. As dualidades e as dificuldades da vida material são inevitáveis; não podemos nos apegar a elas para ficarmos nos lamentando pelo que acontece. Tudo deve servir como pretexto e motivação para nosso crescimento espiritual. Prabhupada afirmava que nós invertemos nossa relação com Deus, colocando-o como nosso servo, quando nós é que deveríamos servi-lo. Não podemos entrar num templo com uma lista de supermercado e pedir a Deus que nos dê isso ou aquilo."

Apesar da responsabilidade do cargo que ocupa, Chandra Mukha Swami é uma pessoa extremamente descontraída e informal, e por causa disso é extremamente querido no movimento. Os trinta anos de residência no Rio de Janeiro acabaram quase que totalmente com qualquer resquício de sotaque paulista, hoje em dia substituído pelo jeito de falar típico dos cariocas, eventualmente traído por um "erre" que ainda revela as origens de sua atual encarnação.

Foi essa descontração que o levou uma vez, entre risos, a responder a um garoto que lhe perguntava o significado de seu nome hindu e que é condizente com seu rosto arredondado e sorridente:

"Eu lhe disse que meu nome queria dizer 'Cacique Cara de Lua', porque *swami* pode ser traduzido informalmente como 'senhor, chefe', ou – por que não? – 'cacique'; *Chandra* é o nome sânscrito da Lua e *Mukha* significa fisionomia, aparência. Como eu tenho esse rosto redondo como uma lua cheia, acho até que a inspiração do meu guru quando me revelou meu nome espiritual tinha a ver com isso."

Nunca saberemos se essa observação é apenas uma *lila*, uma brincadeira do jovem e bem-humorado *swami*, que completou 50 anos em dezembro de 2007, mas a explicação dada por ele ao garoto está muito bem fundamentada.

Jayme Akstein

QUEM É

Jayme Akstein é carioca, 44 anos, filho de pais judeus já da segunda geração de imigrantes, portanto chegaram ao Brasil muito antes da Segunda Guerra Mundial. A família vem de uma região da Rússia – na atual Ucrânia – chamada Podolia, mas o nome Akstein é alemão, indicando a primeira "rota de fuga" da família, possivelmente no século XVIII, da Alemanha em direção à Rússia. Akstein significa "machado na pedra", provavelmente querendo indicar um compromisso com a fundação de uma vila ou cidade, mas não existe certeza a respeito disso.

A segunda "rota de fuga" ocorreu por volta de 1905, quando houve uma grande migração de judeus russos e poloneses para várias partes do mundo, principalmente Estados Unidos, outros países da Europa, Israel (na época ainda chamada de Palestina, parte do Império Otomano) e parte para a América do Sul. O avô de Jayme tentou primeiro se estabelecer na Argentina, onde já moravam alguns membros da família, mas acabou optando pelo Brasil.

Tanto seu pai quanto sua mãe são brasileiros natos, tendo o pai nascido em Minas Gerais e a mãe, no Pará. Por parte de mãe, Jayme é de origem marroquina e ucraniana. Até hoje ainda existe uma pequena comunidade de judeus marroquinos em Belém e em Manaus. Ele sabe que, antes da migração que trouxe seus avós para o Brasil, a religião judaica era praticada de maneira mais ortodoxa, mas isso foi gradativamente sendo deixado de lado após o estabelecimento no Brasil. De qualquer forma, sempre houve o costume de reunir as famílias, muito numerosas, nas principais festas do calendário judeu.

Jayme explica que as crianças e os jovens sempre tiveram uma participação ativa na maioria dos rituais religiosos, antes mesmo da iniciação formal que o *bar mitzvah* representa. Na festa de *Pessach* (a Páscoa), por exemplo, além de as crianças participarem das canções e da alegria que o evento representa, existe um momento em que elas vão procurar por um pedaço de *matzah* escondido em algum lugar da casa. Existem brindes e prêmios pelas brincadeiras:

"A religião judaica é essencialmente comunitária, muito gregária, e nós não somos exceção. A família de minha mãe sempre teve o hábito de juntar todos nas festas e seguir os rituais. Por exemplo, toda vez que nascia um menino, em até uma semana era realizada a cerimônia da circuncisão. E durante o ciclo de vida e o ciclo anual existem obrigações e rituais ligados à família. A festa de *Pessach* e o *bar mitzvah* são exemplos típicos disso."

Por outro lado, como é muito mais comum do que poderíamos imaginar entre os judeus, Jayme nunca foi criado em escolas judaicas. Sua educação religiosa é essencialmente familiar. Ele fez a maior parte de seus estudos na Escola Britânica do Rio de Janeiro, que, por razões óbvias, segue a religião anglicana. Dentro da visão pluralista da escola, porém, tinha aulas de religião judaica com uma senhora da Associação Religiosa Israelita (ARI) que comparecia uma vez por semana para instruí-lo nos fundamentos de sua religião. Embora não fossem em grande quantidade, ele se lembra de ter tido cinco colegas judeus que participavam dessa mesma aula. As lições giravam em torno de vários temas do judaísmo:

"Tínhamos aula sobre religião, sobre o alfabeto judaico, e a aula era ministrada no mesmo horário em que os outros alunos tinham sua aula de religião cristã, com um pastor que morava na própria escola. Lembro-me de que em um dos anos que estudei lá eu era o único judeu na minha série, portanto tinha, por assim dizer, uma aula particular com a Mrs. Mannheimer, uma senhora maravilhosa, da qual só tenho boas lembranças. Soube recentemente que ela ainda está viva, com quase cem anos."

Jayme cursou todo o Primeiro Grau na Escola Britânica e depois transferiu-se para uma escola leiga, a Brasil-América. Junto com a mudança de escola, ele passou a integrar um grupo judaico, o Movimento Juvenil Sionista Dror, cuja sede se localizava bem ao lado da casa em que morava. Esses grupos existem no mundo inteiro e, mal comparando, seriam o equivalente judaico dos escoteiros. No Rio de Janeiro, são basicamente quatro entidades, todas de alguma forma ligadas à vida política da Israel. O grupo do qual Jayme faz parte tem uma orientação socialista, é ligado ao movimento dos *kibutz* e ao Partido Trabalhista, adepto da linha de veteranos como David Ben Gurion, Golda Meir e outros.

Embora todos esses grupos sionistas estejam vinculados a partidos políticos israelenses, a juventude que os freqüenta não tem envolvimento direto com a política partidária e nem é obrigatoriamente filiada aos partidos que os patrocinam.

"Não nos filiamos ao partido. São essencialmente grupos de jovens, com muitas brincadeiras e atividades educativas, sociais e esportivas, e tudo é conduzido por jovens, incluindo os próprios instrutores, adolescentes em sua maioria. As paredes são pintadas à mão pela garotada e os adultos nem entram lá. É um espaço para a juventude confraternizar e conviver. É claro que existem noções que nos são passadas das questões judaicas e sionistas, mas com pouco cunho político-partidário."

Esses grupos tiveram origem na Polônia, país que abrigava a maior população judaica, e têm cunho socialista e sionista. Embora fossem todos de inspiração sionista, a pluralidade era a tônica: havia todo tipo de manifestação ideológica, até mesmo com aqueles que chegavam a ser de orientação comunista, que misturavam a questão social com a religiosa. Muitas vezes a filiação da juventude a esses núcleos contrariava até a vontade familiar, já que não eram grupos de cunho religioso.

O *kibutz* originou-se nesses grupos, que promoveram migrações sucessivas antes mesmo da criação do Estado de Israel e, depois disso, em massa para Israel quando o país foi fundado, levando consigo essa noção de uma organização socialista e comunitária, que acabou resultando no conceito dessas comunidades economicamente autônomas. Eles têm uma tradição de organização que auxiliou a própria organização social e de defesa do Gueto de Varsóvia, onde muitos desses conceitos foram aplicados na prática.

Hoje em dia, com a diáspora, esses mesmos conceitos ainda servem de base para a estruturação de todas as organizações e associações judaicas que existem no mundo inteiro.

Jayme sempre teve uma vinculação estreita e militante com seu grupo de jovens e fez questão de tomar parte em suas atividades. É o caçula de quatro irmãos e tem também duas meias-irmãs dos casamentos posteriores de seu pai, que são católicas. O pai teve mais dois casamentos com não-judias depois de separado de sua mãe, e em ambos teve filhas que seguiram a religião católica.

Nem todos os três irmãos de Jayme alimentaram esse mesmo entusiasmo e comprometimento, mas cada um a seu modo participou das atividades das associações judaicas; o primeiro deles casou-se com uma não-judia que, posteriormente, acabou se convertendo à fé judaica; o segundo casou-se com uma judia e também participou das atividades organizacionais de juventude; o terceiro é casado com uma não-judia e é o que menos se envolve com as questões judaicas.

Jayme reconhece, sem dificuldade, sua profunda vinculação com a causa judaica em todos os níveis e considera que a questão de seu povo tem pelo menos três níveis de vinculação:

"São três níveis de vínculo no judaísmo: o aspecto familiar, o comunitário e o nacional. O conceito comunitário é fundamental; é difícil, praticamente impossível, alguém ser judeu sozinho. É uma religião essencialmente tribal, que tem aquela origem conhecida de todos ligada às 12 tribos de Israel, dez delas perdidas. E é uma religião ligada a um país, porque a História nos remete a um lugar específico. E o próprio nome do país está ligado ao nome que Jacó recebeu depois de ter brigado com um anjo: Israel."

Depois de terminado o segundo grau, Jayme cursou e graduou-se em engenharia civil e de transportes e em arqueologia, tendo realizado os dois cursos de maneira quase simultânea; ele reconhece que seu envolvimento com a arqueologia tem um conteúdo mais simbólico do que prático, que o remete à sua constante busca das origens e dos fundamentos do judaísmo:

"Fazendo uma análise íntima dessa minha opção, sem dúvida alguma é fácil de reconhecer e admitir que essa foi uma maneira de eu poder 'cavar' mais dentro de mim o próprio judaísmo. Todos os meus trabalhos dentro da faculdade deviam ser extremamente maçantes para os meus colegas, porque todos diziam respeito a algum aspecto da cultura judaica, sobre escavações feitas em Israel e assim por diante."

Com tudo isso, Jayme nunca foi um ortodoxo em nenhum aspecto de sua vinculação e militância, como ele mesmo explica:

"Meu judaísmo é bastante cultural, mas recentemente muitas vezes eu me deixo levar pelo misticismo, porque acho que ele é importante, faz parte da religião. Essa é uma fase mais atual, porque durante muito tempo eu me comportei como um engenheiro mesmo, com um lado lógico e racional muito acentuado. Além disso, tenho minhas posições e opiniões muito claras e transparentes sobre a vida político-partidária de Israel."

Agora, já adulto, Jayme se identifica com o Partido Trabalhista Israelense e com os ideais políticos de Yitzhak Rabin, líder trabalhista assassinado em 1995 por um estudante judeu de extrema-direita. Considera-se de centro-esquerda no espectro político da Israel dos dias de hoje e acredita que vai se chegar a uma paz negociada com a Palestina muito em breve, mas acha também que existe uma dúvida que alimenta uma questão difícil de ser respondida sobre o que é mais importante: a segurança ou a paz.

"Essa é uma questão como a piada do ovo e da galinha: precisamos ter segurança para podermos ter paz, ou devemos conquistar a paz para termos segurança? A resposta é difícil, e eu não sei qual o caminho a ser percorrido, mas acredito nessa paz num prazo bem curto."

A questão territorial e política também acabou fazendo parte de sua vida desde cedo, por causa dos constantes confrontos bélicos de Israel com os países vizinhos, e isso também deixou marcas fortes em sua lembrança. Jayme só não se recorda da Guerra dos Seis Dias, em 1967, porque ainda era muito jovem, mas as guerras posteriores estão claras em sua memória. A Guerra do Yom Kippur, em 1973, é uma das que mais o marcou. Ele se lembra de algumas poucas imagens depois da guerra terminada, com os soldados israelenses presos no Egito, e seu país tendo sido o vencedor.

Uma lembrança forte também é a da alegria familiar depois da notícia da vitória e pelo fato de a guerra ter sido deflagrada durante o Dia do Perdão, uma das datas mais importantes do calendário judaico. Nessa época, quando ainda estudava na Escola Britânica, a maioria de seus colegas era formada por filhos de diplomatas. Havia o filho de um diplomata egípcio, e ele chegou a ter um pequeno confronto ideológico com o jovem Mohammed, rapidamente deixado de lado com a vitória de Israel. Mas se lembra bem dos dias em que houve um embate ideológico entre ambos, e que Jayme ainda teve a seu lado um jovem francês, que tomava partido de Israel nas discussões com o colega egípcio:

"Na minha sala de aula tinha gente de todas as partes do mundo, e havia muitos filhos de diplomatas. Naquele ano, eu era o único judeu da turma, e lembro bem que eu e meu melhor amigo, o Laurent, tomávamos partido de Israel nas discussões sobre a guerra. Veja só, com dez anos nós já nos envolvíamos em discussões ideológicas; não acho isso necessariamente bom, mas fazia parte da minha realidade. Felizmente, a guerra não durou muito tempo e logo o assunto morreu entre nós. Não me vejo como vítima nesse caso, eu era tão tinhoso quando o Mohammed..."

Até hoje a questão ancestral com o Egito ainda serve de referência para os judeus. Atualmente, existe uma paz "fria" com o Egito, e há um ditado em Israel que diz: "Se conseguimos superar o faraó, conseguiremos superar qualquer coisa." Durante a Guerra do Golfo, quando Israel sofreu alguns bombardeios, essa frase era muito falada pela população. E Jayme reconhece que foi a saída do Egito que fez o povo judeu tomar consciência de si como um povo, como uma nação:

"Não vamos nos esquecer de que os judeus se tornaram um povo quando saíram do Egito. Até então éramos uma tribo, uma grande família, mas não um povo com identidade própria."

MORANDO EM ISRAEL

É claro que, como acontece com todos os jovens, houve um momento em que Jayme se cansou da militância e resolveu se afastar da associação à qual esteve vinculado por dez anos. Enquanto tomou parte no movimento, participou de todos os cargos e responsabilidades de que era possível participar. Existem diversas comissões dentro da organização que se ocupam das diferentes atividades: havia a comissão de esportes, a de educação, a do *Shabat*, e assim por diante. Como um dos objetivos principais de todas essas associações é estimular e facilitar a migração para Israel, principalmente para a experiência de se viver num *kibutz*, a cada ano um grupo de jovens se sente motivado a empreender essa viagem.

Em geral, os jovens são incentivados a viajar para Israel logo que terminam o ensino médio. São estimulados a passar cerca de um ano vivendo em um *kibutz*, recebendo uma educação informal, participando de todas as atividades comunitárias e sendo orientados a retornar a seu país de origem após esse período para o ingresso na universidade. Por razões de natureza familiar e de oportunidade, Jayme não teve essa experiência, embora desde a adolescência alimentasse a vontade de morar em Israel e se sentisse em constante preparação para isso.

Uma curta e rápida oportunidade surgiu quando ele trabalhava como voluntário no Clube Hebraica do Rio de Janeiro e foi convidado a passar dois meses em um curso de liderança em Israel. Lá, foi incentivado a seguir os cursos superiores que pretendia fazer, tanto o de engenharia quanto o de arqueologia. Nessa época também já havia se aprofundado na prática de danças folclóricas, atividade que exerce até hoje como um dos professores e preparadores mais destacados em sua área.

Por volta dos 27 anos de idade, em 1990, já casado pela primeira vez, Jayme finalmente migrou para Israel. Lá conseguiu emprego na área de engenharia e continuou trabalhando como professor de dança, sentindo-se plenamente realizado em seu sonho.

Embora não se reconheça como uma pessoa particularmente mística e veja suas motivações muito mais claras nos aspectos cultural e familiar, Jayme admite que existe um componente religioso subjacente em toda a sua militância judaica que o fez percorrer os caminhos que acabou percorrendo:

"Sem dúvida alguma, creio que existe um lado místico muito grande que não sabemos bem como explicar, mas a própria formação familiar também foi um componente forte nessa motivação. Meus pais sempre estiveram envolvidos com as práticas religiosas familiares e também com as práticas comunitárias. Meu pai chegou a ser presidente de clube israelita aqui no Brasil, e tudo isso foi criando a minha estrutura judaica interna, que culminou na minha ida para Israel."

Foram nove anos vivendo em Israel, em três locais diferentes do país, sempre trabalhando como engenheiro e como coreógrafo. Jayme sempre manteve aceso dentro de si seu lado de liderança comunitária, e a maneira que encontrou de cultivar isso foi por meio do trabalho com as danças folclóricas judaicas. De início foi difícil convencer os israelenses de que um brasileiro tinha capacidade de ensinar danças típicas aos moradores locais, mas depois de algum tempo, conseguiu convencê-los, principalmente por sua capacidade, já comprovada por anos de dedicação e pesquisa no Brasil.

Depois de três anos e meio em Kfar Saba e mais um ano em Rehovot, uma cidade de tradição universitária com um centro biomédico de alta excelência, Jayme partiu para construir sua própria casa no norte de Israel, em Lotem, na Baixa Galiléia. Além da atividade como engenheiro e coreógrafo já na sua região de moradia, trabalhou por algum tempo como gerente de marketing internacional de uma empresa de tecnologia.

A experiência em Lotem foi particularmente interessante porque, pela primeira vez na história dos *kibutzim*, houve uma experiência de convivência entre uma pequena comunidade autônoma e não-socialista com um *kibutz*. A cidade tinha sua autonomia municipal e levava o mesmo nome que o *kibutz*, mas havia uma relação de independência e de respeito às decisões do pequeno povoado, no qual viviam cinqüenta famílias, como num grande condomínio. A proximidade de muitas comunidades árabes fazia dessa experiência algo ainda mais especial; Jayme se lembra de ouvir diariamente o muezim muçulmano chamando para a reza das cinco horas da manhã.

A vida em uma comunidade pequena e especial como Lotem estimulou nele também um gosto pelo trato da terra, e a jardinagem passou a ser a nova atividade do engenheiro, arqueólogo e coreógrafo:

"Foram os meus anos mais felizes em Israel, esses quatro anos em Lotem. Minha filha mais velha nasceu lá e a segunda foi gerada lá também, embora tenha nascido no Brasil. Eu era o chefe do comitê de cultura da cidade, que organizava as festas religiosas e comunitárias. O curioso é que não existe o hábito de se comemorar o *réveillon* em Israel, apenas nos hotéis, por causa dos turistas, mas nós celebrávamos o nosso em Lotem. Se o dia 31 de dezembro caísse numa terça-feira, nós marcávamos a celebração para uma data em que não houvesse trabalho no dia seguinte, para que pudéssemos festejar à vontade."

O início de um processo de crise matrimonial que acabou resultando na separação do casal fez com que a família se decidisse pela volta para o Brasil, e com isso sua segunda filha nasceu em terras brasileiras. Apesar disso, Jayme sempre procurou manter nas filhas a ligação com a consciência e a cultura judaicas, e estimulava constantemente o convívio e a interação de ambas com as comunidades dos locais em que viveram, fosse em Israel ou no Brasil:

"Sempre procurei mantê-las ligadas a Israel quando voltamos para o Brasil, fazia questão de levá-las à sinagoga, ensinar-lhes as músicas judaicas, participar das festas religiosas e comunitárias. Agora elas também já são duas participantes ativas do Dror, assim como eu na idade delas."

JUDAÍSMO, MISTICISMO, CIÊNCIA, RACIONALISMO

Como já mencionado, a relação de Jayme com o lado místico e esotérico do judaísmo nunca foi a mais forte, tendo ele sempre se inclinado mais para os aspectos comunitários, culturais e nacionais de sua origem. Sua escolha por profissões também voltadas para o aspecto lógico e racional da vida só fez acentuar ainda mais essa opção. Mas seu trabalho com a dança fez com que esse lado mais instintivo e anímico acabasse tendo um espaço significativo em sua vida, como ele mesmo reconhece:

"Tanto a minha família quando a de minha atual mulher sempre estiveram ligadas mais ao lado liberal e progressista do judaísmo do que ao lado místico e religioso. A vantagem disso é que permitiu uma educação mais 'solta' para todos nós, mas ao mesmo tempo nos afastou um pouco do componente místico. No meu caso, porém, por incrível que possa parecer, eu vivo esse lado espiritual na dança."

Isso se explica também pela herança profissional de seu pai, que era médico neurologista, se aprofundou no estudo da hipnose e foi um dos fundadores da Sociedade de Hipnose Médica do Brasil. Durante toda a sua vida ele estudou a questão dos transes cinéticos que acometem as pessoas durante um ritual de dança, seja ele qual for. Sua pesquisa acabou resultando na criação de uma técnica que é utilizada até hoje nas práticas de terapia com dança, chamado "TTT" (Terpsicore[1] Transe Terapia).

O pai pesquisou principalmente o candomblé, os dervixes turcos e os judeus hassídicos – uma corrente judaica extremamente mística. Depois de longos anos de pesquisa e de prática de hipnose, adquiriu uma prática impressionante de pôr as pessoas em transe por meio de um simples toque de mão em sessões cinéticas. Sua mente médica e racional, embora reconhecesse e constatasse as alterações das ondas cerebrais durante esses estados alterados de consciência, não atribuía a eles nenhuma conotação sobrenatural, apenas neurológica. Mas, de qualquer maneira, sua contribuição para o campo da psicoterapia foi enorme e continua presente até os dias de hoje.

Jayme, embora também se identifique com essa abordagem lógica e racional, percebe e reconhece na dança o ritual em que seu lado mais instintivo se manifesta:

"Mesmo não entrando em transe, a dança sempre foi o campo em que a minha consciência mais se expandiu. Existem algumas danças folclóricas judaicas – como a hassídica – que são puro transe, ou pelo menos um pré-transe. Ainda assim, eu conseguia harmonizar os dois lados: o dançarino, que se extasiava com o momento de execução da dança, e o organizador, o coreógrafo, o líder daquele grupo. E sempre gostei de dançar, mas quando era moço tinha vergonha de admitir e assumir esse meu lado."

Somente em 1985 é que Jayme começou a se envolver com a prática das danças judaicas, e sua natureza de pesquisador já o deixava bastante familiarizado com a parte histórica e das origens de cada tipo de dança. Quando começou a participar dos grupos folclóricos, já trazia consigo um amplo conhecimento sobre os fundamentos históricos de cada coreografia que executava:

"Existe uma história que conta que o rei Davi entrou em transe místico ao dançar ao redor das Tábuas da Lei, algo que até chocava os mais tradicionalistas, afinal dançar com um livro sagrado podia ser visto como uma falta grave pelos mais ortodoxos; mas, para mim, aquilo dava margem a uma coreografia fantástica. Imagine só, unir o fato histórico do rei Davi a uma dança e um transe místico!..."

---

1 Nome da musa grega da música e da dança. (N. do A.)

O que facilitou a entrada tardia de Jayme no mundo da dança foi a familiaridade que já tinha com a música, não apenas a religiosa, mas principalmente as músicas leigas de temáticas judaicas, sempre cantadas em hebraico. Desde 14 anos ele participava de grupos musicais com seus companheiros de geração. A musicalidade – além do vasto conhecimento histórico – foi o fator que o ajudou a se dedicar com afinco à criação de coreografias e danças e recuperar o tempo perdido, durante o qual se fascinava com este mundo, mas não tinha coragem de abraçá-lo.

Atualmente se ocupa em ensinar às suas duas filhas já crescidas – tem uma terceira de menos de um ano de idade, fruto de seu segundo casamento – mais sobre a cultura e a língua judaicas, e faz isso pessoalmente, com grande prazer, alegria e consciência:

"Já que elas não estudam em uma escola judaica, eu canto músicas, mostro filmes e CDs sobre nossa cultura, para que elas tenham e mantenham essa ligação. Como nós temos uma mesma origem, acho importante manter vivas essas histórias e essa noção sobre os fundamentos da nossa cultura e nossa tradição, sem nenhuma conotação tradicionalista, apenas como formação básica de pessoas que têm uma história e uma origem específicas. Seria uma pena se perdêssemos isso. Não quero de jeito nenhum perder essa linha cultural que existe e se perpetua."

Embora nunca tenha tido interesse em aprofundar-se no lado místico, Jayme se considera uma pessoa religiosa, mas sem seguir preceitos. Segue a tradição do *shabat* e dedica os sábados à família, ao descanso e à diversão. Costuma ir com alguma regularidade à sinagoga às sextas-feiras – quando tem início o *shabat*, que vai do pôr-do-sol de sexta ao pôr-do-sol de sábado – e gosta de levar as filhas. A mais nova, com poucos meses de idade, recebeu recentemente seu nome judaico. Em relação ao *shabat*, ele tem uma explicação muito interessante sobre seu fundamento:

"A questão de se dedicar um dia ao repouso, à família e à diversão faz parte de nossa tradição mais antiga e tem uma fundamentação que, para mim, faz todo o sentido. É uma forma de se vivenciar o tempo, de se ver o tempo, de se ter a noção do fluxo do tempo. De certa maneira, foi a instituição do s*habat* que deu sentido à semana, ao ciclo semanal e à noção de 'quebra' da rotina com o descanso dos sábados. Vem daí também uma expressão que é usada não só pelos judeus, mas por todos os povos, que é o 'ano sabático', quando a pessoa quebra sua rotina de trabalho e se dedica naquele ano a realizar algum projeto especial – ou mesmo ao descanso – que não faz parte do seu dia-a-dia."

Em Israel existe um conceito específico do ano sabático, durante o qual a própria terra descansa; durante esse período, não é cultivada pelos judeus. Como existe a necessidade de se continuar a produzir alimentos, a maneira encontrada para isso é a seguinte: os rabinos vendem temporariamente a terra por um valor simbólico para não-judeus, que ficam encarregados de fazer o trabalho agrícola durante o ano sabático. No ano seguinte, a terra é revendida aos judeus pelo mesmo preço simbólico.

A alimentação aprovada pela lei judaica – conhecida pelo termo *kosher*, popularizado pelos judeus norte-americanos – é, atualmente, um preceito pouco seguido pelos judeus mais jovens e mais liberais. Porém, mesmo alguns que não se consideram ortodoxos seguem algumas regras alimentares judaicas. Jayme se inclui nesse grupo, e afirma comer de tudo sem nenhum tipo de crise de consciência. Ele explica que, no tempo de seus avós, a alimentação era exclusivamente *kosher* e que seus pais já começaram a afrouxar esse costume, embora ainda mantivessem algumas reservas em relação a alimentos considerados impuros:

"Meus avós só se alimentavam de comidas *kosher*, meus pais se alimentavam com comidas *kosher* apenas nas festas judaicas. Eu já não tenho esse costume; como de tudo, embora nas festas me alimente com as comidas *kosher*. Acho que isso é muito mais uma questão cultural; cada povo tem seus preceitos alimentares: os hindus não comem carne de vaca, são vegetarianos; os muçulmanos não ingerem álcool; os evangélicos também não; alguns povos da Ásia consomem carnes de alguns animais que nós ocidentais consideramos domésticos. Imagine alguém abrir um restaurante onde se sirva carne de cachorro no Brasil."

PLURALISMO, CONTROVÉRSIA, DEMOCRACIA E DIVERSIDADE

Um mito que Jayme desmonta com tranqüilidade e facilidade é a velha questão do suposto fechamento dos judeus em seus próprios grupos, sem interagir com outras culturas e outras raças:

"Existem judeus de todas as cores e de todas as origens étnicas e geográficas. Eu sou, e todos nós judeus somos, de uma maneira ou de outra, judeus convertidos. Basta nos remontarmos à origem histórica e vermos que os filhos de Jacó se casaram com não-hebreus. O rei Davi, por exemplo, tinha uma avó que não era da tribo de Judá ou de nenhuma outra. Veja também o caso dos judeus negros, filhos de Salomão com a rainha de Sabá; ele, portanto, foi casado com uma não-judia. Logo, a própria vinda do Messias (da Casa de Davi) também teria uma origem não-judia. Esse conceito de conversão não era uma coisa clara, não existia sequer para as mulheres, apenas o ritual de circuncisão para os homens. Os rituais de conversão tiveram origem na Idade Média; antes disso eles não existiam. Não fazemos proselitismo, não buscamos converter ninguém."

O que existe de muito forte é um sentimento de união entre os judeus, e os fatos históricos que todos conhecemos são suficientes para justificar essa união. Se um judeu estiver em um país estrangeiro, basta procurar uma sinagoga no dia apropriado para ser muito bem recebido e convidado a participar dos rituais e até mesmo a freqüentar a casa de algum participante daquele núcleo. Os rituais de iniciação, de certa maneira, também procuram cultivar essa união a partir da atribuição de um nome judaico para cada pessoa, como Jayme explica:

"Quando uma pessoa se converte, ganha um nome de filho de Abraão. Nós judeus temos uma espécie de vida dupla, porque temos dois nomes: o nome 'civil', digamos assim, e o nome judaico. Tenho meu nome civil, com o qual fui registrado – Jayme Akstein –, e meu nome na sinagoga é Haim Ben David, ou seja, 'Jayme, filho de Davi'."

No que diz respeito à língua, outro fator de unificação e aglutinação, o hebraico é a língua comum a todos. Em função da diáspora do povo judeu, porém, existem numerosos dialetos que foram criados por motivos de sobrevivência de determinadas populações. O iídiche, de origem alemã e que se espalhou principalmente pelo Leste Europeu, talvez seja o mais conhecido deles, mas existem vários outros.

Jayme explica que o iídiche nasceu numa área da Alemanha e é formado pela mistura do alemão medieval com o hebraico e algumas poucas palavras em francês; a particularidade é que ele é escrito em caracteres hebreus. Ele cita também alguns outros dialetos menos conhecidos, como o ladino – dos judeus sefaraditas que acabaram se radicando na Turquia –, que é uma mistura de espanhol medieval com árabe e hebraico; há também um outro dialeto mais falado no norte da África, na região do Marrocos, que é o *hakitia*, uma mistura de espanhol com hebraico e árabe berbere, e que era falado por parte da família da mãe de Jayme.

Quanto à questão territorial, embora tenha experimentado diretamente a vida em Israel durante nove anos, Jayme tem mais perguntas do que respostas sobre esse tema. Ele, no entanto, não faz questão de ter respostas, mas sim de poder formular as perguntas:

"O judaísmo é uma religião ligada a uma terra. Que terra é essa? Qual o tamanho dela? Será que para ser judeu você precisa ter essa terra? Durante dois mil anos ela não existiu. Muitos dos mandamentos dos livros sagrados não podem ser cumpridos porque não se está em Israel. Outros não podem ser cumpridos porque só podiam ser realizados dentro do Templo, e o Templo não existe mais. Essas questões estão em aberto e eu não tenho a pretensão de um dia poder responder a elas, mas quero pelo menos poder formulá-las."

Ao mesmo tempo em que essa união sempre funcionou como fator aglutinador de um povo disperso por todas as partes do mundo, o respeito à diversidade de opiniões é muito importante entre os judeus. Existem comunidades com vínculos totalmente diversos em relação a Israel: algumas têm uma ligação seminal com o país; outras têm uma ligação eventual; outras não têm ligação alguma, e existem até as comunidades anti-sionistas, que são contra a existência do Estado de Israel. E lá essa diversidade é vivenciada diariamente. Todas as questões judaicas de todas as partes do mundo são discutidas em Israel. O país é um verdadeiro caldeirão de idéias, um dinamismo em choque diário entre grupos diferentes, ortodoxias diferentes, *kibutzim* diferentes.

Como o país é laico em sua gestão, muitas questões são discutidas de maneira apaixonada e calorosa por grupos diversos e de orientações também diversas. O esforço de conciliar a vida de um país moderno com uma tradição tão antiga gera o hábito de se debaterem todas as questões que possam gerar conflitos entre os costumes ancestrais e a vida moderna. E a cultura judaica tenta não se chocar com alguns hábitos que se incorporam à rotina local. Um exemplo disso é a questão do *shabat* e a prática de esportes: o país praticamente pára durante o sábado, mas o futebol, esporte popular também por lá, sempre foi jogado aos sábados. Então, liberou-se o futebol para ser jogado aos sábados e a questão ficou resolvida.

Um outro exemplo diz respeito a um preceito ligado ao *shabat*: não se pode acender fogo durante o dia do descanso, mas como pouca gente gosta de comer comida fria, resolveu-se deixar o fogo aceso desde a véspera, e com isso poder esquentar a comida que se consome aos sábados.

O famoso "jeitinho" brasileiro parece, na verdade, ter se originado entre os judeus, sempre forçados a se adaptar às condições mais diversas e adversas em sua dispersão pelo mundo:

"O povo judeu é o povo do 'jeitinho' como resolução de problemas, é o povo mais bem adaptado do mundo e mais misturado do mundo, por incrível que isso possa parecer. Ao mesmo tempo em que queremos manter nossa tradição, queremos misturar essa tradição com tudo o que o mundo nos oferece. Ao mesmo tempo em que valorizamos um casamento entre judeus, as diferentes raças do povo judeu nos mostram que essa mistura é inevitável."

O HUMOR JUDAICO

Dizem os grandes sábios das mais diferentes tradições religiosas que o humor é um elemento fundamental para que se leve uma vida sadia e proveitosa. Os judeus não são exceção a essa recomendação, e o humor judaico é famoso e reconhecido em todo o mundo. Para citar apenas dois expoentes, basta nos lembrarmos de Woody Allen e Mel Brooks, dois gênios e especialistas na arte de nos fazer rir e de rir de si próprios.

Uma faceta pouco conhecida de Jayme é justamente esse lado humorista, que ele procura cultivar em sua vida diária e que alimenta também um outro talento menos público dele, mas não menos apurado: o de escritor. Ele escreveu um livro pleno desse humor judaico quando resolveu contar a "aventura" de sua separação conjugal. Sintomaticamente, o livro é intitulado *Manual do Homem Separado*[2] e tem a apresentação assinada por um outro escritor, aliás, médico e escritor: Moacyr Scliar, também de origem judaica.

Esse manual consegue transformar uma questão delicada, difícil e geralmente traumática – como é a separação de um casal – em uma sucessão de risadas a cada página, e sua maior qualidade é conseguir tocar em tópicos sérios sem perder o humor e, ao mesmo tempo, sem ser superficial ao lidar com temas como razões para a separação, pensão judicial, visitação dos filhos, finanças e trabalho, entre vários outros que fazem parte de um processo de divórcio.

Moacir Scliar, em sua apresentação, afirma que "a separação é um processo doloroso" e que o *Manual* de Jayme oferece "solidariedade e ajuda". Em outro ponto da apresentação Scliar tenta explicar as raízes do humor judaico como sendo "aquele humor que ao longo do tempo foi-se desenvolvendo como uma forma de defesa contra o desespero". É uma síntese bem lúcida e adequada à história de um povo que luta para manter sua identidade em meio a tantas atribulações.

Alguns dos itens mencionados ao longo deste capítulo, principalmente os que tratam da diversidade de pensamento dos judeus e da sua capacidade de adaptação, foram listados por ele sempre com uma grande dose de humor e muitos sorrisos.

Talvez seja exatamente esse humor que torne possível a convivência com a seriedade com que Jayme lida com todas as questões de sua gente, sejam elas de natureza cultural, religiosa ou nacional. Seria, talvez, um contraponto ideal para os seres humanos de qualquer tradição religiosa, para que se possam permitir abordar, de maneira séria, as questões que exigem seriedade e de achar graça nas questões menores. E existe uma piada clássica entre os judeus que caracteriza muito bem o gosto pela controvérsia e pela diversidade de opiniões e que Jayme gosta de contar com um meio sorriso:

2 Rio de Janeiro: Editora 7 Letras, 2004.

"A piada conta que um náufrago judeu foi resgatado de uma ilha onde vivia completamente isolado e solitário. Quando o socorro chegou, seus salvadores perceberam que havia duas sinagogas na ilha e perguntaram a ele por quê; o náufrago explicou que uma delas ele não freqüentava."

Fernando Ribeiro

QUEM É

Fernando Ribeiro nasceu em Minas Gerais, filho de pais militantes intelectuais e engajados com a esquerda católica. Essa condição inicial fez com que logo aos dois anos de idade ele partisse para o exílio com sua família, nos primeiros momentos após o golpe de 1964. Os primeiros oito anos fora do Brasil foram vividos no Chile, até 1973, quando este país também foi atingido por um golpe militar que derrubou o presidente Salvador Allende. A saída para todos os exilados brasileiros que lá estavam foi mudar de residência mais uma vez, e Fernando e sua família foram para o México, onde viveram até 1977, quando conseguiram finalmente voltar ao Brasil.

Embora fosse ainda jovem durante todas essas transformações, ele logo teve consciência da situação em que vivia não só sua família, mas numerosas outras também exiladas que formavam a colônia brasileira. Por causa dessa condição, havia uma união muito grande entre esses grupos, principalmente durante o período do exílio chileno. A violenta derrubada do regime democrático no Chile só contribuiu para aguçar ainda mais a percepção da selvageria dos regimes de exceção dos quais a família passou uma parte da vida fugindo.

"No Chile, já naquele tempo eu cresci ouvindo as histórias de exílio e de opressão política. Além de um convívio muito próximo e constante com as outras famílias de exilados brasileiros, nós também estávamos vivendo em um país de língua espanhola e tomávamos parte em seus costumes e hábitos. Com isso, durante a infância e a adolescência eu tive muito contato com a cultura latino-americana, com a história da América Espanhola, que é bem diferente da brasileira."

Ao mesmo tempo, para não fugir à regra, durante a adolescência Fernando chegou àquela fase de rejeitar a crença herdada da família. Mesmo vendo seus pais sempre envolvidos com a ala mais avançada e progressista do catolicismo, com participação nos movimentos ligados à Teologia da Libertação e outras atuações de inspiração socialista, ele procurou renegar todo e qualquer vínculo com sua religião de origem.

Com a volta ao Brasil, a família se estabeleceu no Rio de Janeiro e a vida aos poucos foi se normalizando, embora o regime de exceção ainda perdurasse. Procurando renegar o lado religioso, Fernando engajou-se na vida de militância e se filiou ao Partido Comunista Brasileiro (PCB); embora tenha estado verdadeiramente envolvido nos movimentos de esquerda, uma movimentação cultural inesperada acabou por afastá-lo das correntes mais ortodoxas com as quais se encontrava comprometido e fez com que essa experiência de militância partidária não durasse muito:

"Eu conheci e fiquei fascinado com toda a história do Tropicalismo, de Caetano Veloso, Gilberto Gil, que trouxeram uma visão muito importante para a compreensão da nossa realidade. Aí acabei me desligando desse universo político mais ortodoxo. O movimento tropicalista representou uma nova referência para mim, que acabou abrindo minha cabeça para outras experiências, ligadas aos livros de Carlos Castañeda e à autobiografia de Paramahansa Yogananda."

OUTROS HORIZONTES, OUTRAS REALIDADES

Fernando terminou o segundo grau no Rio, nos colégios São Vicente e Brasil-América e em seguida cursou História e Antropologia na Universidade Federal do Rio de Janeiro (UFRJ). O grupo com o qual se identificou na universidade também começava a descobrir essas novas realidades vindas dos livros do escritor mexicano e do guru indiano. Os fins de semana eram dedicados a viagens para a cidade de Visconde de Mauá, na região de Itatiaia, no Estado do Rio de Janeiro, onde haviam se cotizado para alugar uma pequena casa e onde as conversas giravam em torno de Caetano, Gil, Torquato Neto, e também das buscas de expansão da consciência e das experiências que misturavam práticas de ioga com a ingestão de cogumelos e plantas alucinógenas. Ele conta, meio em tom de brincadeira:

"Quando tive as primeiras experiências de expansão da consciência, tanto com os cogumelos quanto com os primeiros baseados fumados em Mauá, foi que eu deixei definitivamente de ser comunista. A realidade que eu experimentei durante esses momentos não cabia mais dentro da ótica que eu tinha anteriormente. Era uma nova forma de elaborar os pensamentos, uma outra maneira de pensar e entender a existência. Isso me transformou completamente."

Uma outra experiência viria se somar à sua busca espiritual: uma pesquisadora francesa, filha de amigos de seus pais, veio para o Brasil elaborar uma tese sobre o candomblé e ficou hospedada com sua família durante um ano. Fernando começou a se interessar pelo trabalho da nova amiga e passou a acompanhá-la em suas visitas aos terreiros, a pais-de-santo e às roças do culto afro. O que mais o fascinou durante esse tempo foi a parte da mitologia africana, que era um dos elementos fundamentais da tese da amiga.

O envolvimento com o candomblé foi tão profundo que ele começou a considerar a possibilidade de ser iniciado nos rituais africanos. Um dos pais-de-santo que freqüentava na companhia de sua amiga francesa estava tentando convencê-lo a assumir o compromisso definitivo, e se não fosse por um pequeno acidente de percurso que o jovem interpretou como um sinal, ele teria sido "raspado" e consagrado no candomblé:

"Eu já tinha sido orientado, por meio do jogo de búzios, em relação a todo o material necessário para a minha iniciação e aos procedimentos que deveria executar em relação à preparação para os rituais de que iria participar. Eu deveria vir para o terreiro no dia da festa de Xangô, que era o meu orixá. Então me preparei todo e peguei um ônibus no dia combinado, achando que ia para a festa. Quando cheguei no terreiro, vi tudo calmo, com umas filhas-de-santo varrendo o chão, tudo muito calmo demais para o que eu esperava encontrar. Perguntei pela festa, e me disseram que ela tinha sido na véspera, no dia anterior!... Eu quase não acreditei, mas quando entrei no ônibus de volta, entendi que não era para eu participar daquela iniciação. Tudo o que aprendi ali foi muito importante para mim depois, mas tive a certeza de que não era esse o meu caminho."

Veio então a decisão de viajar para a Europa. Seu pai tinha ligações profissionais com a FAO (sigla em inglês para Food and Agriculture Organization), órgão da Organização das Nações Unidas (ONU) ligado à agricultura e à alimentação, e surgiu uma oportunidade de se transferir para Roma, onde se localizava a sede do organismo, e continuar seus estudos por lá.

Essa nova mudança aconteceu no ano de 1982, mas ele logo percebeu que a oportunidade surgida não era exatamente o que esperava. Depois de pouco tempo na Itália, deixou de lado a vida universitária e passou os três anos seguintes perambulando pela Europa, como muitos companheiros de sua geração.

Suas viagens ficaram mais voltadas para o sul do continente, principalmente França, Espanha e Portugal. Madri foi a cidade em que permaneceu mais tempo, e lá ganhava a vida tocando violão em estações de metrô, trabalhando em bares e fazendo alguns "bicos" com amigos. Nas horas mais difíceis, seu pai também não negou ajuda.

A inquietação que o motivava era a mesma de vários outros seus colegas de geração: a leitura dos livros de Castañeda tinha aberto novas portas para a compreensão da "estranha realidade" de um mundo de curandeiros e *brujos* que propunham uma leitura distinta da visão que era oferecida pela civilização ocidental, e a atração pela espiritualidade hindu ainda continuava forte e pedindo para ser atendida.

"A minha ida para a Europa tinha outros objetivos além da questão universitária. Eu queria conhecer coisas novas, o movimento dos anos 1960 com Caetano e todo aquele povo tinha aberto minha cabeça para outras buscas, tinha lido também muito sobre as plantas de poder que o Castañeda descrevia em seus livros, além de continuar a sentir uma forte atração pela Índia e pelo guru Paramahansa Yogananda. Já tinha combinado com um amigo argentino que também morava na Europa e estávamos nos preparando para ir para o Nepal e a Índia em busca de um mestre espiritual. A grande mudança aconteceu por causa de um acidente grave que sofri em Portugal duas semanas antes da partida para a Índia."

O ACIDENTE E A MUDANÇA DE PLANOS

Fugindo do inverno europeu, Fernando saiu da Espanha em direção a Portugal, onde se estabeleceu por algum tempo. Depois de um tempo morando em Lisboa, onde tinha amigos, foi mais para o sul até chegar à região de Cabanas, área muito procurada por turistas europeus de todas as procedências. O acidente que mudou seus planos aconteceu quando ele estava morando na ilha de Tavira, uma colônia de pescadores na época muito procurada pela juventude européia.

Quando a temporada turística chegava ao auge e mesmo as cidades da região ficavam lotadas de viajantes, os mais desapegados mudavam-se para a ilha de Tavira; este foi o caso de Fernando:

"Lá não chegavam carros, o acesso só era possível de barco; não havia hotéis, só praia, floresta, alguns restaurantes e a aldeia de pescadores. Encontrávamos muita gente do norte da Europa, como holandeses e alemães. O local era conhecido por esse pessoal mais alternativo, que procurava refúgio na natureza e se dispunha a viver de uma maneira mais frugal e simples. Meu plano era ficar ali até o fim da temporada, em seguida participar da colheita das uvas no sul da França e, com o dinheiro arrecadado, partir para o Oriente."

No auge do verão na ilha, cinco dias antes da partida para a França, Fernando sofreu um acidente grave voltando para casa – na verdade uma barraca de camping –, após uma noitada à beira mar, entre violões, bastante vinho e cantorias em volta da fogueira. Só se lembra de voltar a si dentro da barraca em que dormia e ver que sua "casa" estava pegando fogo e ele já tinha parte do corpo queimado. Foi socorrido e levado para um hospital no continente, onde passou dois meses internado para recuperar as áreas queimadas de seu corpo.

"Eu tive queimaduras nos pés, nas pernas, na barriga e nas mãos; foi um acidente feio, embora não tenha chegado a correr risco de morte. E durante esses dois meses que fiquei internado no hospital, minha cabeça novamente deu uma volta radical. O apoio da família no Brasil foi um dos elementos que mexeram com minha sensibilidade. Com isso, decidi que voltaria para meu país assim que tivesse alta."

Em vez de se preparar para um retorno triunfal, com a família toda o esperando no aeroporto, Fernando resolveu voltar sem avisar a ninguém, justamente para não ter esse tipo de recepção. Marcou sua passagem e desembarcou no Rio de Janeiro sem que nenhuma pessoa amiga ou da família soubesse da sua chegada. Tomou um ônibus, que o deixou na praia de

Ipanema. A primeira cena que viu o fez ter certeza de que tinha tomado a decisão certa de voltar para o Brasil:

"Enquanto eu olhava o mar, sentado num banco de praia, vi duas mulheres novas passarem por mim com rosas nas mãos. Fiquei observando o ritual das duas desconhecidas, que foram até à beira d'água oferecer as flores a alguma entidade espiritual. Isso me chamou muito a atenção e me deu uma sensação de bem-estar, porque era uma cena que eu jamais veria na Europa. Uma das coisas que mais me angustiava durante a temporada no exterior era a ausência desse tipo de ligação com a espiritualidade, com a natureza. O excesso de racionalismo europeu era algo que eu sempre estranhei e que, às vezes, me deixava até meio deprimido."

Continuando sua proposta de chegar "aos poucos" no Brasil, Fernando procurou um amigo dos tempos de Visconde de Mauá e se hospedou com ele por três dias, durante os quais fez uma espécie de catarse, repassando toda a história da viagem junto a seu anfitrião. Depois disso, resolveu se dirigir para a cidade de Juiz de Fora, onde morava a família de sua mãe, que na época também estava na cidade.

A chegada inesperada e o susto que provocou em sua mãe fizeram com que ela chegasse a desmaiar ao vê-lo. Passado o primeiro momento, tratou de matar as saudades de todos e começou a pensar na forma de viabilizar seus novos planos, com a idéia de não morar mais nos grandes centros urbanos. Mas, ao passar uma temporada no Rio na casa de seus pais, acabou se reencontrando com um amigo dos tempos de colégio.

Com o pretexto de retomar contato com outros amigos comuns, procurou por um casal que fazia parte de sua antiga turma e acabou se reencontrando também com um companheiro brasileiro dos tempos europeus. Esse reencontro foi marcante, porque esse amigo, conhecido como Beto, tinha lhe proporcionado uma experiência fortíssima e inesquecível durante a etapa parisiense de sua vida no exterior: uma vez em que estavam os dois sozinhos no pequeno quarto de pensão em que moravam, ele lhe ofereceu um comprimido de LSD, que partilharam e cuja "viagem" curtiram juntos num dos bosques nos arredores de Paris. O amigo seguiu viagem na manhã seguinte para o Brasil e os dois só foram se reencontrar nesse dia, anos depois.

Uma impressão que Fernando tinha depois de ter retornado ao Brasil era a da acomodação que percebia na maioria dos seus antigos amigos. Três anos de peregrinação, viagens e as mais variadas experiências existenciais vividas durante seu período europeu faziam uma grande diferença em relação à vida que ele identificava em parte de suas antigas amizades. Porém, num grupo que foi encontrar num restaurante, ele percebeu que tinha encontrado alguns que partilhavam de sua inquietação e da vontade de descobrir novos caminhos e novas perspectivas. Uma amiga, que ia se casar em alguns dias e que pouco falou durante a confraternização, foi a que lhe causou a impressão mais forte.

"Ela foi a que ficou mais calada durante aquela noite, e eu sabia que ela não tinha saído do Brasil durante todo esse tempo em que eu estive fora, mas só na troca de olhares dava para perceber que algo de muito forte havia provocado uma mudança em sua atitude. Ela me olhava de uma maneira que eu percebi que alguma coisa tinha acontecido. Mais tarde, conversando em casa, eu perguntei o que era aquilo que eu percebia. Ela, juntamente com o Beto, meu amigo de 'viagem' em Paris, me explicou que ambos haviam experimentado um chá vindo da Amazônia que provocara mudanças profundas na percepção que tinham da vida."

Naquela mesma madrugada, ao voltar para casa de carona com o antigo amigo, ficaram conversando até o dia raiar sobre tal experiência. Fernando admite que a primeira impressão que teve da narrativa de Beto foi muito ruim: visualizou um grupo de pessoas trancadas num quarto escuro tomando um chá desconhecido e tendo experiências alucinógenas. O amigo insistia em que aquilo tinha tudo a ver com a cabeça e com as buscas de Fernando, mas ele não conseguiu enxergar nada disso. Ficou com aquela primeira imagem na cabeça e continuou resistindo à idéia de conhecer pessoalmente a novidade, apesar de todas as experiências que já tinha tido com as plantas psicoativas.

CONHECENDO O DAIME: A PRIMEIRA "MIRAÇÃO"

Beto continuou tentando convencer Fernando de que seria algo que iria lhe interessar muito e disse que no dia seguinte teriam uma reunião durante a qual não haveria a ingestão do chá, mas apenas uma palestra e uma conversa a respeito da origem e dos fundamentos da bebida.

A reunião era numa comunidade que existe até hoje no bairro de São Conrado, no Rio de Janeiro, conhecida como "Céu do Mar", na estrada que liga o bairro ao Alto da Boa Vista. Na época, as instalações eram bem precárias, e Fernando precisou entrar pelo meio da mata, percorrer uma trilha e escalar uma pedra até chegar num espaço onde havia uma pequena casa e o consultório do líder do grupo, que era psicólogo e realizava seus atendimentos naquele local.

No início da reunião, outra impressão ruim: tudo começou com uma oração, e mais uma vez Fernando se viu com preconceitos contra aquela coisa "meio cristã"... Mas ao mesmo tempo, o ambiente, a floresta ao redor e amabilidade das pessoas ajudaram a desfazer a má impressão inicial e ele resolveu participar de uma reunião e conhecer o o santo-daime. A reunião foi marcada para um sábado, 23 de novembro de 1985. A data é assim tão precisa porque marcou mais uma virada – possivelmente a mais importante e definitiva – na vida de Fernando Ribeiro:

"Eu tomei o chá e tive uma das experiências mais impressionantes da minha vida; pouco a pouco fui entrando num processo de interiorização que me provocou uma mudança radical. Tive muitas mirações: fui entrando num contato profundo comigo mesmo e depois de um tempo me vi dentro de uma espécie de caverna, um lugar meio úmido, que entendi como sendo uma parte minha que estava ali, meio encolhida naquele lugar. De repente, vi uma pedra que começou a se mexer e se abrir, e permitiu a passagem de um pequeno raio de luz. A visão daquele raio de luz aumentando gradativamente me provocou uma euforia, uma alegria indescritíveis; a pedra foi se movendo lentamente e a luz, aumentando, até ocupar todo aquele espaço. Eu entrei numa espécie de êxtase.

Junto com isso começaram a surgir muitas lembranças de coisas minhas, lembranças de alguns trechos da Bíblia. Eu não era um especialista no assunto, mas naquele momento eu vivi plenamente a parábola da volta do filho pródigo. Foi uma coisa muito impressionante, uma verdadeira festa que estava sendo apresentada para mim. Eu estava de olhos fechados, mas de vez em quando abria os olhos e via as outras pessoas que estavam na sessão, e só pelo olhar eu sabia quais daquelas pessoas estavam tomando parte na mesma experiência. Foi uma coisa muito bonita, muito forte e muito sutil ao mesmo tempo ."

A "miração" prosseguiu com um encontro espiritual com seu irmão que estava no exterior naquele momento. O irmão apareceu ao lado dele na visão; eles trocaram olhares e tiveram uma conversa sem palavras, intensa e profunda, e a partir daquele instante Fernando teve a certeza absoluta de que seu irmão também fazia parte daquela "família" que o estava recebendo com tanta alegria. O irmão se encontrava em Portugal e nunca havia tomado parte em reuniões do santo-daime, mas ele teve a certeza de que em breve ambos estariam participando das mesmas experiências. Na mesma sessão, Fernando teve ainda um encontro espiritual inesquecível com o Padrinho Sebastião, um dos principais líderes do santo-daime.

Relembrando tudo o que viveu, ele chegou à conclusão de que a motivação que teve para partir para a Europa e até mesmo almejar chegar até a Índia era uma busca, uma espécie de "sede insaciável" que o levava de um lugar para outro, sem nunca se sentir satisfeito:

"Eu sentia essa espécie de sede insaciável que nunca se esgotava. Por isso eu chegava nas cidades, nos lugares, ficava um tempo, mas logo sentia vontade de ir embora, de continuar procurando por alguma coisa que eu não sabia direito o que era, mas que eu identificava como sendo essa sede. Nesse meu primeiro momento com o santo-daime, nessa experiência tão impressionante, eu me senti totalmente saciado! O engraçado é que eu morava no Leme quando saí do Brasil, fui dar aquela volta toda pelo continente europeu, para acabar encontrando o que procurava a poucos quilômetros de minha casa."

O movimento do santo-daime era muito incipiente no sul do Brasil, embora já fosse uma tradição forte e disseminada na Amazônia e, principalmente, no Acre. O ritual era praticado em regiões florestais, em um contexto completamente diferente do que se vivia nos grandes centros urbanos em que a prática começava a se espalhar. Não havia nenhum tipo de referência para esses pioneiros dos quais Fernando fazia parte em relação a como proceder com os rituais e costumes na realidade urbana em que viviam.

Um dos contrastes típicos desses primeiros tempos era visto nas moças da Zona Sul do Rio de Janeiro, que havia pouco tempo freqüentavam a praia de Ipanema com biquínis fio-dental e agora se viam usando saias compridas e anáguas. Pouco a pouco foi-se fazendo uma adaptação dos hábitos e costumes, que eram muito mais regionais do que espirituais, e as pessoas foram incorporando toda aquela nova tradição ao ambiente urbano onde viviam. Hoje em dia, em pleno início do século XXI, sabe-se que não há necessidade de seguir e copiar o "estilo" amazônico de se vestir e se comportar durante os rituais, e as pessoas naturalmente mantêm sua própria identidade cultural.

Fernando passou a morar na comunidade Céu do Mar em 1986, e permaneceu lá até 1989, totalmente envolvido com as atividades desenvolvidas no local:

"Nós criamos uma pequena empresa, uma floricultura chamada 'Flor do Céu', que cultivava e vendia flores. Montamos também um consultório que chamávamos de 'Flor da Cura', onde os três terapeutas que constituíam parte da comunidade faziam um atendimento clínico alternativo auxiliados por vários de nós que não tínhamos formação em psicologia; o tratamento envolvia terapia com ervas e incursões na floresta que rodeava o local."

É importante ressaltar que a ingestão do daime não fazia parte do tratamento; alguns poucos pacientes, depois de muito tempo de terapia e somente a partir de uma manifestação espontânea da vontade de participar dos rituais, eram autorizados a fazê-lo. Até hoje existe uma regra fundamental e seguida à risca pelos adeptos: "No Daime não se oferece nem se convida", ou seja, não se faz nenhum tipo de proselitismo nem se procura aliciar ou induzir pessoas a tomar parte nos rituais. A iniciativa tem de partir de cada um que sinta curiosidade pela experiência.

OS FUNDADORES DA DOUTRINA DO SANTO-DAIME

São duas as principais figuras do movimento que resultou na religião mais tipicamente brasileira que existe – juntamente com a umbanda: Raimundo Irineu Serra, o "Mestre Irineu", que é o fundador da doutrina do santo-daime, e Sebastião Mota de Melo, o "Padrinho Sebastião", que foi o principal difusor dessa tradição para além das fronteiras da Amazônia. Na verdade, segundo Fernando, existem vários grupos hoje ligados ao Mestre Irineu que seguem sua linha de trabalho, certamente com muita seriedade e respeito, mas ele só pode dar testemunho do caminho de Sebastião Mota, pois é o que conhece.

No início os rituais de ingestão do chá eram um hábito muito típico dos povos do Acre – caboclos, índios, seringueiros. O conhecimento a respeito da combinação psicoativa que resulta da mistura da folha conhecida como "chacrona" com o cipó conhecido como "jagube" é originário dos povos da região amazônica, aí incluídos os países fronteiriços alcançados pela floresta.

Quando Mestre Irineu começou a organizar os rituais e a receber os hinários que compõem as músicas que são tocadas e cantadas durante as sessões, onde conta sua história, já previa que aquilo era uma prática que iria se espalhar pelo mundo. Os primeiros participantes – um grupo de quarenta e poucos seringueiros e agricultores – não levavam aquela afirmação a sério, achando que era quase uma loucura do velho mestre. Hoje em dia o santo-daime está realmente espalhado por todo o mundo, tendo chegado até o distante Japão.

Mestre Irineu faleceu em 1971, deixando um grupo grande de discípulos e seguidores. Um deles foi Sebastião Mota, conhecido como Padrinho Sebastião, dos principais responsáveis pela expansão dessa tradição pelo Brasil e pelo mundo. É verdade que ele encontrou descrença e até oposição de outros seguidores, que consideravam errôneo levar o Santo Daime para fora de seu contexto natural na floresta, mas o movimento foi realmente se expandindo.

Padrinho Sebastião era muito aberto: os jovens que chegavam até ele com suas mochilas nas costas e a enorme curiosidade de conhecer os fundamentos da doutrina eram recebidos de braços abertos, ao passo que alguns grupos mais tradicionais os olhavam com preconceito e até desprezo.

No ano de 1975, o Padrinho Sebastião resolveu levar mais adiante sua proposta: iriam criar uma comunidade. A maioria dos outros centros daimistas da região não tinha esse tipo de proposta; seus adeptos moravam em suas próprias casas e só se reuniam durante as sessões rituais. Foi então criada a primeira comunidade daimista na Colônia 5.000, na qual várias famílias de colonos, seringueiros e agricultores se uniram para vender seus bens e comprar juntos uma área de terra que seria uma propriedade coletiva, onde todos morariam, trabalhariam e partilhariam a comida e as experiências.

Depois de alguns anos, com a expansão da cidade de Rio Branco, o Padrinho achou que precisavam se deslocar para mais longe da vida urbana, e a comunidade se mudou para uma região chamada Rio do Ouro, perto de Boca do Acre. Isso aconteceu em 1980, com a instalação do grupo num seringal que havia na região, mas essa nova moradia durou apenas dois anos, quando um grupo de latifundiários de São Paulo resolveu reivindicar a posse daquelas terras.

Guiado pelas intuições espirituais e pelas mirações que tinha durante as sessões do daime, Padrinho Sebastião disse que não queria viver em um local marcado por disputas territoriais e saiu em busca de um outro lugar ainda mais no meio da floresta. Depois de alguma procura, chegaram na região de um afluente do rio Purus, chamado igarapé do Mapiá. O Instituto Nacional de Colonização e Reforma Agrária (Incra) colaborou, doando uma área na região para o grupo, e em 22 de janeiro de 1982, depois de seis dias de navegação pelos igarapés completamente fechados pela mata, chegou a primeira canoa trazendo os pioneiros que montaram o acampamento inicial onde seria fundada a comunidade do Céu do Mapiá, hoje em dia a principal base do santo-daime.

Fernando chegou ao Céu do Mapiá pela primeira vez em maio de 1986, pouco tempo depois de ter tomado o Santo Daime no Rio de Janeiro. Nessa época, o local estava em plena atividade, com a infra-estrutura básica já implantada e com um grupo muito maior do que a pequena leva que lá chegara quatro anos antes. Inicialmente, sua idéia era conhecer de perto a raiz daquela cultura e testemunhar a experiência inédita. E o que ali encontrou se tornaria uma experiência inesquecível para ele:

"O Céu do Mapiá era um lugar completamente diferente de tudo que eu já vira: primeiro, ninguém que morava naquela comunidade, mas ninguém mesmo, tinha conta em banco, dinheiro na poupança ou coisa semelhante. O dinheiro não circulava lá dentro. Tudo era compartilhado, a comida era comum e todos trabalhavam juntos. De tempos em tempos um grupo descia até a "civilização" com o produto do trabalho, basicamente borracha e farinha de mandioca, e voltava com os mantimentos necessários para a comunidade e que não eram produzidos na região: munição para caça, combustível, sabão etc. Os alimentos eram todos plantados na própria comunidade e partilhados com os moradores, de acordo com a necessidade de cada família."

O projeto era tão impressionante que uma vez receberam a visita de um representante da ONU interessado em conhecer a experiência de perto; na hora de ir embora, ele afirmou haver testemunhado pela primeira vez uma experiência verdadeira de comunismo funcionando na prática... E o Padrinho profetizava que "o mundo" iria cada vez mais se aproximar e buscar conhecer aquela "novidade" que estavam criando no meio da floresta.

As primeiras garrafas de santo-daime começaram a sair dali em 1983 e a se espalhar pelo Brasil, e depois pelo mundo. Assim como Fernando, centenas de outros moradores de regiões distantes começavam a se interessar por toda aquela cultura e a se deslocar até lá para ter a oportunidade de, como o funcionário da ONU, testemunhar uma experiência até então inédita.

É importante deixar claro que não foram os fundadores do movimento que procuraram se deslocar de sua área para divulgar a doutrina. Foram os "estrangeiros" como Fernando que se sentiram atraídos por aquele conhecimento ancestral que começava a se propagar em todas as direções e foram lá aprender os fundamentos para depois difundi-los pelo mundo afora.

Mais uma vez, o espírito aberto e visionário do Padrinho Sebastião teve a coragem de apoiar essa "saída para o mundo", mesmo enfrentando muitas críticas de outros grupos daimistas mais tradicionais.

DAIME: DROGA, RELIGIÃO OU MANIFESTAÇÃO CULTURAL?

Essa crescente divulgação da doutrina do Santo Daime começou também a chamar a atenção das autoridades reguladoras das substâncias entorpecentes, que na época era o Conselho Federal de Entorpecentes (Confen). Quando houve uma mudança de comando nesse órgão, começaram a aparecer algumas denúncias sem fundamento sobre a prática, e em pouco tempo o chá de *ayahuasca* entrou para a lista de substâncias proibidas por lei.

Quando essa notícia chegou até o Acre, acabou provocando uma enorme mobilização política, religiosa e cultural dos povos amazonenses, para quem aquilo era uma prática antiga, tradicional e respeitada da região. Para eles parecia um completo absurdo tentar enquadrar e até mesmo prender tribos inteiras de indígenas do Amazonas e grupos de agricultores e seringueiros pelo fato de realizarem rituais com uma substância que agora fazia parte da lista de proscrição de um conselho burocrático de Brasília.

Primeiramente foi enviada uma comissão do exército para investigar a prática, mas logo se convenceram de que não era um caso para o exército nem para a polícia, porque não havia nenhum caso de crime associado ao uso do daime. Em seguida, foi constituído um grupo de estudos, formado por sociólogos, biólogos, antropólogos, botânicos etc., que se dedicaram a pesquisar todos os desdobramentos possíveis do uso continuado da substância.

Em vez de encontrarem comunidades anárquicas e desordenadas pelo uso da "droga", os pesquisadores se depararam com grupos organizados pacíficos e produtivos, com famílias estáveis e estruturadas, vivendo de modo tranqüilo e ordeiro, todos perfeitamente integrados à vida de suas comunidades e desempenhando suas funções da maneira saudável e feliz.

Depois de dois anos, foi publicado um enorme documento constatando que não havia nenhum perigo nem degradação de costumes decorrente do uso do daime, e a bebida foi retirada oficialmente da lista de substâncias proscritas. Atualmente, todos os centros de daime espalhados pelo Brasil têm identidade jurídica como instituição religiosa e funcionam dentro da mais absoluta legalidade.

Mas a opinião pública, ainda mal informada por meios de comunicação que desconheciam os fundamentos da prática e alimentavam preconceitos, distorcia as bases na qual a doutrina se apoiava. Uma revista semanal chegou a publicar uma extensa matéria na qual chamava o santo-daime de "A seita do barato". Fernando, que testemunhara parte das entrevistas que resultariam nessa matéria parcial e mal-intencionada, ficou indignado com o texto final publicado. Para ele, que a essa altura era já um conhecedor profundo da cultura do santo-daime, era inadmissível que uma revista séria brasileira tratasse daquela maneira uma manifestação cultural tão importante quanto eram as tradições nativas da Amazônia.

Em 1989, depois de três visitas como membro da comunidade Céu do Mar, resolveu ir morar no Céu do Mapiá, onde permaneceu por 11 anos ajudando na organização e estruturação da comunidade. Um dos pontos sobre o qual Fernando mais se debruçou foi o aprendizado do que se chama de "feitio", que é a maneira de se preparar o chá e que envolve um longo e cuidadoso ritual que se estende por vários dias.

Esse prolongado contato com a experiência de viver em meio aos povos nativos da região e absorver esse conhecimento diretamente de sua fonte só fez aumentar nele a vontade de divulgar de forma correta e fundamentada a cultura amazônica, na qual se tornou um especialista:

"Eu sempre tive uma vontade muito grande de dar um testemunho valorizando a nossa cultura, porque conheci pessoas tão impressionantes que ao mesmo tempo em que – do ponto de vista de instrução – tinham uma base tão 'pobre', se comparada com a nossa cultura urbana, eram verdadeiros mestres de sabedoria. Com elas aprendi muito sobre relações humanas verdadeiras e transparentes, e sobre a profundidade que essas relações podem ter quando se está apoiado num fundamento como é o daime."

Além disso, o aspecto de valorização ecológica e cultural da tradição amazônica estava sempre andando em paralelo aos conhecimentos da parte espiritual. Por essa razão é difícil separar uma coisa da outra. No fim dos anos 1980 o Instituto Brasileiro do Meio Ambiente e dos Recursos Naturais Renováveis (Ibama) cedeu uma área de mais quinhentos mil hectares de floresta nacional à Associação de Moradores do Céu do Mapiá para desenvolvimento de um grande projeto do qual fazia parte, entre outros, o Banco Interamericano de Desenvolvimento (BID).

Fernando engajou-se de corpo e alma nessa causa, ocupando por muitos anos o cargo de Secretário da Associação de Moradores e ajudando a montar toda a estrutura física, jurídica e organizacional da instituição. O grande desafio do grupo era desenvolver formas de ocupação da floresta e do uso de seus recursos naturais, educar os jovens e as crianças, e encontrar novas maneiras de viver sem degradar a natureza.

No que diz respeito à parte religiosa, Fernando tem também uma visão muito própria sobre essa questão, como ele mesmo explica:

"O sentido original da palavra 'religião', de se procurar religar o humano com o divino, o terreno com o espiritual, tem tudo a ver, mas não concordo com o peso que a cultura ocidental colocou nesse termo e que transformou tudo num amontoado de regras estabelecendo o que a pessoa pode ou não pode fazer. E eu não compreendo o santo-daime como sendo isso, porque as pessoas se relacionam com ele como um ser divino que habita essa bebida e com quem há uma interação real, e isso não é um conjunto de regras. Eu já vi casos de pessoas que chegam pela primeira vez para experimentar a bebida, e são tratadas de forma direta, individual e específica a partir da experiência que têm durante a sessão. Cada experiência é única. É a oportunidade que cada um tem de se reconectar com a espiritualidade de forma direta."

UM SUSTO: OS "TRAFICANTES INTERNACIONAIS"

A expansão da cultura do daime pelo Brasil e pelo mundo fez com que Fernando tivesse cada vez mais contato com o desenvolvimento de muitos projetos, criando assim uma "ponte" entre a realidade da Amazônia e o mundo moderno. Por causa disso, a partir de 1995 começaram as viagens para fora do país, e em 2000 Fernando e um co-irmão amazonense conhecido como "Chico Corrente", que passara a ser seu companheiro nessas peregrinações constantes, foram presos em Madri ao fazer escala para uma viagem cujo destino final era o Japão. Traziam consigo algumas garrafas do chá para serem entregues às novas igrejas que começavam a se organizar em países tão distantes como a Espanha e o Japão.

Havia uma investigação em curso feita pela Interpol, que acompanhava a propagação da doutrina na Europa com escutas telefônicas autorizadas pela Justiça, e Fernando e Chico foram presos assim que desembarcaram na Espanha e enquadrados como traficantes internacionais de drogas, e foram levados para uma penitenciária específica para esse tipo de "crime".

Esse episódio acabou mobilizando uma campanha internacional em defesa dos dois e da tradição do santo-daime, com declarações públicas de pessoas da estatura de Leonardo Boff e Frei Betto, entre muitos outros, afirmando que não se tratava de uma droga, e sim de uma tradição ancestral dos povos amazônicos. Mesmo assim, os dois amigos amargaram quase dois meses de prisão enquanto as audiências do julgamento prosseguiam.

Esse tempo de reclusão acabou sendo frutífero para Fernando, que começou a amadurecer a idéia de escrever e publicar um livro sobre essa experiência. A intenção principal era a de resgatar a memória das tradições sul-americanas esquecidas e até mesmo massacradas pela invasão portuguesa e espanhola e explicar o fundamento dessas tradições. Ao mesmo tempo, o trabalho foi estruturado de maneira a fazer um paralelo entre a invasão espanhola da América do Sul no século XVI e a situação insólita por que ele e Chico Corrente passaram com a prisão. A parte que narra a experiência da prisão foi batizada de "Histórias da vida real", e a parte que conta sobre a invasão espanhola sul-americana foi chamada de "Memórias da vida real". O relato se alterna entre os dois temas de forma ágil e inteligente e traça um interessante paralelo entre as duas situações. O livro tem o título de "Os Incas, as plantas de poder e um tribunal espanhol"; foi escrito e publicado em 2005 pela Editora Mauad e acabou sendo prefaciado pelo próprio Leonardo Boff.

O tempo que passou na prisão acabou funcionando como uma oportunidade de reversão da desinformação e do preconceito em relação ao daime e de esclarecimento da tradição junto a países como Espanha, Holanda e outros da União Européia onde atualmente a atividade também é legalizada e se propaga de forma disciplinada, tranqüila e discreta, como é costume dos daimistas.

HOJE EM DIA

Atualmente Fernando é o responsável por uma igreja do santo-daime na cidade de Juiz de Fora, onde nasceu, no sul de Minas Gerais. Ele explica que a raiz das tradições ayahuasqueiras, nativas da América pré-colombiana, nada tinham a ver com a tradição católica européia, em nome da qual foi levada adiante a colonização no solo americano. Aqueles povos adoravam o sol, a lua, os astros, as forças da natureza, e foi através da pessoa de Irineu Serra, hoje conhecido como Mestre Irineu, que houve esse "resgate", uma espécie de "reconciliação histórica" entre as tradições nativas americanas e a tradição cristã. Ele próprio afirma que "recebeu" a Doutrina do Santo Daime diretamente das mãos da Virgem da Conceição, a quem também se refere como sendo a Rainha da Floresta, que o incumbiu de propagar a doutrina. Com isso, ele acabou por fazer novamente a ponte entre o "paganismo" das tradições pré-colombianas e a posterior incorporação dos elementos cristãos, da mesma maneira que aconteceu com a umbanda, que assimilou a iconografia cristã durante o tempo da escravatura e que resultou no sincretismo que é até hoje a base de todos os seus trabalhos.

"Dentro da história do santo-daime a partir da liderança do Mestre Irineu, houve uma reconciliação entre as tradições nativas e as cristãs. Ele foi recebendo uma série de hinos e instruções sobre os procedimentos rituais que acabaram formando o corpo da doutrina do daime a partir de visões que teve de Nossa Senhora da Conceição, que foi lhe transmitindo as diretrizes sobre essa nova tradição que surgia a partir da fusão entre uma prática ancestral da floresta e os elementos cristãos. O daime nasceu no meio da Amazônia, e por intermédio de uma pessoa simples como o Mestre Irineu, que era maranhense de nascimento, acabou montando um ritual específico de procedimento. Isso facilitou justamente a assimilação da tradição pelos povos que não têm origem indígena. Se você for acompanhar um ritual do ayahuasca numa tribo indígena da Amazônia, poderá até ter um entendimento do que eles fazem, mas é muito difícil penetrar mais fundo no conhecimento daquela tradição, a não ser que você se dedique mesmo a isso, e fique lá um tempo grande, estudando e conhecendo aquele povo, caso contrário vai ficar alheio a boa parte do que acontece, porque eles vão tomar a bebida, possivelmente deitar numa rede e entoar uns cânticos na língua deles, sem nenhuma ligação com a maneira como nós elaboramos os nossos rituais. A bebida é a mesma e a experiência de interiorização também, mas a nossa forma de praticar o ritual está muito mais próxima da nossa linguagem. Mestre Irineu, de certa forma, traduziu essa prática para nós por meio dos hinários e das misturas com as tradições cristãs."

Além das suas atribuições junto à igreja do daime em Juiz de Fora, Fernando continua trabalhando e acompanhando a expansão desta tradição pelo Brasil e pelo mundo. Recentemente esteve na Espanha e na Holanda pela primeira vez desde o evento que resultou em sua prisão, em 2000, juntamente com seu companheiro de aventuras na época, o mesmo Chico Corrente. Só que, dessa vez, a recepção foi outra, completamente diferente, e eles tiveram oportunidade de conviver com muita gente já envolvida com a prática, trocar idéias e esclarecer dúvidas em reuniões e debates.

E o trabalho dos dois parceiros parece funcionar muito bem, porque Chico traz o conhecimento originário das tradições amazonenses e sabe bem como traduzi-lo para a linguagem das cidades que visita por todo o Brasil. Fernando, com a experiência de seus três anos de exterior, completa a dupla com a sua habilidade de "embaixador", tendo a seu lado o companheiro que atua como fonte originária dessa tradição tão típica de uma região de nosso país e que, aos poucos, vai conquistando adeptos em todo o planeta.

Mestre Irineu sabia do que estava falando quando disse que esse conhecimento era "para o mundo".

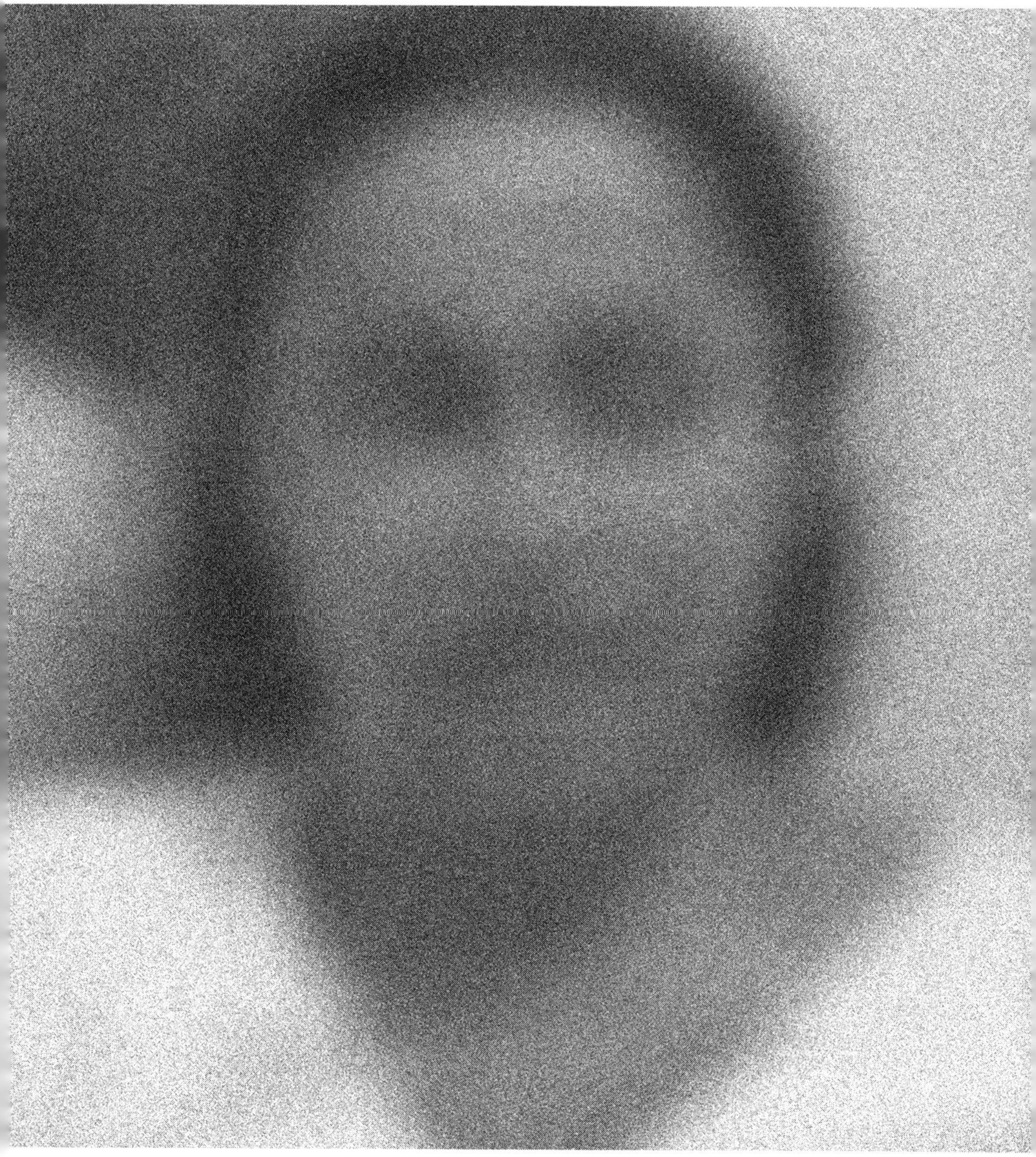

Renata

QUEM É

Renata, à primeira vista, pode ser confundida com uma pessoa "comum". De baixa estatura, rosto redondo e risonho e riso fácil, pela aparência não transparece nada da sua impressionante e precisa paranormalidade.

Casada com um jornalista especializado em automobilismo, mora numa simpática casa na zona oeste da capital paulistana. Se alguém bater à sua porta durante um fim de semana, vai encontrar uma típica família de classe média, planejando o almoço de domingo e entretida com o lazer habitual das famílias de classe média.

Só que ela é considerada hoje em dia uma das mais impressionantes paranormais de cura do Brasil e, por que não dizer, do mundo.

Hoje, já beirando os 50 anos, tem uma agenda ocupadíssima de atendimentos que faz em sua própria casa, numa sala especificamente preparada e com uma ambientação toda especial. Até a sala de espera de seu consultório é diferente do restante da casa. Grandes quadros e pôsteres de Maria, Jesus e outras figuras respeitadas da espiritualidade enfeitam as paredes do amplo espaço em que as pessoas aguardam sua vez de serem atendidas. Na hora da consulta, os pacientes são encaminhados para uma salinha bem menor, mas de ambientação igualmente especial.

Além do trabalho individual que realiza em casa, Renata colabora com várias instituições conhecidas de São Paulo; estamos falando de grandes e respeitados hospitais, públicos e particulares, cujos médicos já realizam há algum tempo parcerias com paranormais, para quem encaminham pacientes graves e desenganados, e muitas vezes conseguem obter resultados que a medicina tradicional já não consegue. Tanto ela quanto os médicos preferem manter essas informações em sigilo, para que as pesquisas que estão sendo desenvolvidas não sejam prejudicadas por uma publicidade indesejada. Por essa razão, a foto que ilustra este capítulo foi intencionalmente desfocada com efeitos digitais, a pedido dela, para que seu rosto não apareça. Mas o fato é que essa parceria existe, está em plena atividade e rende preciosos frutos para a medicina e para os pacientes resgatados de situações consideradas incuráveis pela medicina tradicional.

O COMEÇO

Renata começou a perceber as manifestações de seus dons paranormais aos três anos de idade. Nessa época, seu bisavô, já falecido há algum tempo, apareceu para ela juntamente com sua bisavó e outros mentores espirituais. Para a menina, não houve nada de diferente nessa visão, como em geral acontece com as crianças de menos de sete anos que normalmente ainda não perderam suas capacidades de perceber freqüências além do espectro habitual do ser humano "normal".

Primeiramente, ela avistou "um mestre". A visão, de saída, já foi um impacto: mesmo ainda muito pequena e sem conhecer os tratamentos de distinção que os adultos davam a pessoas de respeito, sua intuição infantil lhe alertava que aquela figura era "um mestre". Muito tempo depois, viria a saber que era o mestre El Morya, um dos principais integrantes do núcleo espiritual conhecido como "A Grande Fraternidade Branca", reverenciado e cultuado em grupos diversos no mundo inteiro. Renata explica:

"A primeira que eu avistei foi Maria de Nazaré, antes mesmo de meus bisavós. Foi nesta ordem: Maria de Nazaré, J.C. e El Morya. E Maria me disse: 'Eu sempre serei o seu guia.'"

Uma das singularidades da relação de Renata com a espiritualidade é a maneira como se refere a Jesus Cristo, chamando-o pelas iniciais "J.C.", com total intimidade.

Renata conversou com o bisavô como se ele estivesse vivo, recebeu algumas primeiras instruções a respeito de suas faculdades paranormais e retomou sua vida de criança, como se nada de extraordinário houvesse acontecido. Para ela, aquelas visões faziam parte de sua rotina, e por isso não tiveram nenhum significado especial, a não ser pelo fato de trazerem as primeiras informações sobre sua futura missão.

Ela só iria se dar conta da profundidade e da gravidade da situação quando mais tarde, ainda com a idade de três anos, foi usada como escudo na briga entre duas empregadas de sua casa. Ela teve seu peito e pulmão perfurados por um espeto de churrasco e chegou a ter morte clínica. Lembra-se de ter saído do próprio corpo no instante da perfuração e de ter visto tudo "do alto".

"Meu espírito saiu do corpo e eu vi tudo de cima: o espeto varou meu peito e atingiu o pulmão; perdi os sentidos imediatamente e as duas pararam de brigar, assustadas com o que havia acontecido. Só que eu percebi que morri e renasci em instantes; a ferida sangrou e cicatrizou instantaneamente enquanto eu via tudo de fora. No momento seguinte, voltei a mim e estava curada, com apenas uma pequena cicatriz no peito, que eu tenho até hoje."

Impressionadas com o acontecido, as empregadas contaram apenas a metade da história para a mãe de Renata, sem entrar nos detalhes do ferimento e da cura inexplicável. Ela conta:

"Elas ficaram desesperadas. Instantes antes de eu sofrer a perfuração, fui retirada de meu corpo e vi tudo acontecendo. A criança que eu era ficou muito assustada com aquilo, mas Maria, em silêncio, me fazia um gesto de 'calma', pedia em silêncio que eu me mantivesse calma. As duas entraram em casa comigo desmaiada e ensangüentada, e minutos depois eu voltava a mim, já com a ferida cicatrizada. Para minha mãe, contaram apenas que tinham brigado, me usado como escudo, mas que tudo já estava em paz."

A confiança que já adquirira em Maria ajudou a menina a seguir a orientação de sua protetora mesmo em uma situação grave e perigosa como a que passava naquele momento.

"Eu já havia me acostumado a ver Maria por perto, ela me aparecia sempre. E a via normalmente, durante o dia, à noite, em qualquer situação. Já era uma experiência normal para mim."

Aos cinco anos, ela via não só Maria, como todos os outros mentores encarregados de sua orientação, em bases regulares, quase que diárias.

Foi então, ao começar a freqüentar a escola, que ela se deu conta de que aquilo não era "normal". Ao começar a partilhar suas experiências com os colegas de estudo, percebeu que só ela tinha a capacidade de ver os guias espirituais.

"Comecei a conversar com várias coleguinhas sobre o que estava vendo, mas percebi que só eu via aquilo tudo. Aí começaram as dificuldades e as zombarias: 'Ela é louca, ela é mentirosa, ela inventa tudo, ela é maluca'. E a essa altura, eu via um monte de gente, não apenas os mentores e meus bisavós; havia sempre um grupo enorme de crianças, além de muito mais gente que eu não saberia dizer quem era."

Uma característica que Renata destaca por ser peculiar dessa época é sua magreza. Ela afirma que a maioria dos médiuns é magra, por diversos motivos, mas principalmente porque não sente muita necessidade de se alimentar.

"A gente se alimenta da própria energia sutil que nos rodeia, ou então de alimentos leves e em pouca quantidade. Até hoje não como nenhum tipo de alimento animal, nem mesmo peixe. Só vegetais e frutas. Se comer alimentos pesados, tenho problema."

A identidade do bisavô só foi revelada quando Renata tinha seis anos e já cursava o pré-primário. Ela conta que somente por volta dessa idade é que percebeu que aquele homem bondoso que sempre lhe aparecia e lhe ministrava informações e instruções era seu bisavô. Um dia, entrando na casa de sua avó, olhou para um retrato que nunca havia reparado na estante e perguntou quem era. Ao saber que aquele era seu bisavô, assustou-se com a revelação.

"Eu o conhecia muito bem já há muito tempo, e perguntei a minha avó se ele se chamava Francisco. Ela ficou espantada com o fato de eu saber o nome dele, já que nunca haviam me dito nada a respeito, mas eu já conversava com ele há tempos."

A essa altura, o bisavô começou a lhe explicar que só ela o enxergava e conversava com ele mentalmente, que isso não era comum e que a maioria das pessoas não tinha esse dom. Tanto o velho ancestral quanto Maria se ocupavam em consolá-la e acalmá-la em relação à sua paranormalidade, porque a pequena menina continuava sendo tomada como mentirosa e fantasiosa pelos amigos e colegas.

"Eu ficava muito triste com essa situação e chorava sempre e muito. Maria procurava me acalmar e me explicava que eu precisava ter paciência com meu dom. Eu, ainda criança, mas já meio malandra, cada vez que ela me pedia para eu não chorar, respondia dizendo que queria usar aquele manto que ela usava. E muitas vezes ela colocava seu manto sobre mim. E eu achava aquilo lindo, o máximo! Me lembro de minha própria expressão dizendo 'Que lindo!'. Às vezes, quando ela não estava por perto e eu não tinha o manto para me cobrir, pegava uma meia de mulher e colocava na cabeça como se fosse o manto de Maria."

MUDANÇA DE CICLO

A situação prosseguiu desse jeito até Renata completar sete anos. Por volta dessa idade, normalmente a criança começa seu processo de amadurecimento interno e a maioria daquelas que possui algum dom paranormal começa a embotar essa capacidade. Dependendo do caso, o dom pode regredir e até mesmo desaparecer para sempre. Com Renata, isso quase aconteceu.

Os mestres espirituais que a assessoravam, incluindo Mãe Maria e "J.C.", passaram a ficar mais "distantes", como ela mesma explica. Ela passou a vê-los de longe, à distância, e sem poder se comunicar com eles da maneira próxima a que estava habituada. Apenas o bisavô e outros parentes diretos já falecidos continuaram a prepará-la e a aprimorar suas capacidades paranormais. Renata conta que durante esse tempo, ele precisou ter muita paciência com ela, porque as constantes saídas do corpo a faziam passar mais tempo como desencarnada do que como encarnada.

"Não é que eu quisesse morrer", explica, "mas eu saía tanto do corpo que passava mais tempo 'voando' por aí do que fazendo as tarefas que toda criança fazia. Meu bisavô me dizia que eu tinha de aprender a ler e a criar uma rotina de estudos, mas eu dizia 'agora não, depois', e ia embora. Então, foi um trabalho danado que ele teve comigo nessa época, e hoje reconheço que ele teve uma paciência formidável com aquela criança inquieta que eu era".

Os parentes se sucediam no aprendizado de Renata, tanto aqueles ascendentes da família materna quanto os da família paterna, de origem síria. Aqui existe um ponto misterioso que pode explicar muito dessa ligação dela com Maria e Jesus. Renata não gosta de comentar o assunto para não alimentar especulações e vaidades, mas ao que tudo indica sua família paterna possui um vínculo sanguíneo com a família de Maria de Nazaré.

Seu bisavô prosseguiu então na tarefa de preparar a menina para seu trabalho futuro. Ele sempre dizia que Renata precisava se adaptar à vida encarnada e parar de ficar saindo do corpo. A menina sabia também todos os detalhes de sua encarnação anterior, bem recente, durante a Segunda Guerra Mundial, e sabia que o intervalo entre uma vida e outra havia sido muito curto. Daí, era ainda maior a necessidade de se "ancorar" nessa nova encarnação e se preparar para o que vinha pela frente.

Mas mesmo bem mais tarde, já adulta, as lembranças traumáticas da vida anterior nos campos de concentração alemães ainda produziam reações descontroladas na moça. Ao viajar pela primeira vez a seu antigo país, quando tinha cerca de 20 anos de idade, Renata sofreu um descontrole total quando viu um soldado alemão: foi acometida de uma febre de mais de quarenta graus e passou dois dias em um hospital, numa espécie de transe.

Voltando à idade de sete anos, como já foi dito anteriormente, Maria só lhe aparecia de longe, sem se aproximar, e isso causava enorme contrariedade na menina. Sua principal reclamação era a falta do beijo de boa-noite que sempre recebia da protetora. Com a explicação de que, por algum tempo a rotina teria de ser daquele jeito, sem beijo de boa-noite, a menina se conformou. Ela conta que sua impressão mais forte nesse período vinha do olhar de Maria e Jesus.

"Ambos tinham um olhar muito doce, que eu chamo de 'olhar de mel', mas não sei por que, a partir dessa época passei a perceber o olhar de Jesus com um misto de medo e respeito. Acho que eu estava crescendo e amadurecendo, e começava a me dar conta de que estava lidando com um ser de uma dimensão espiritual monumental, e que até então eu, em razão da pouca idade, não tinha percebido o tamanho da responsabilidade. Não era exatamente um medo, mas um profundo respeito e reverência frente àquele olhar e àquela expressão amorosa."

O bisavô continuava com suas aulas preparatórias, e a grande revelação seguinte foi sobre a existência da reencarnação. Renata conta que chorou muito quando isso lhe foi confirmado pelo bondoso velhinho, mas o choro não vinha do medo de morrer e reencarnar. Isso ela já conhecia havia muito tempo. Porém, a menina, mais interessada em passear pelos espaços sem o apoio do corpo físico, não se conformava com a idéia de ter de aprender a ler e escrever de novo. Ela queria utilizar seu tempo livre nas viagens astrais e não sentada atrás de um banco escolar aprendendo tudo o que ela sabia que já aprendera anteriormente, mas não se lembrava.

Além disso, ela era canhota num tempo em que os professores ainda procuravam "consertar" essa tendência nas crianças. Renata então levava palmadas de régua na mão esquerda para aprender a escrever com a direita, o que tornava a escola uma experiência mais desagradável do que já era. O fato de não poder "voar" por aí, reaprendendo tudo o que ela sabia que já tinha aprendido numa experiência anterior, fez com que para ela a escola fosse "um porre".

Mas o trabalho já começara: Renata conta que, a caminho da escola, para onde ia a pé, vários mentores se apresentavam a ela, sem se identificar ("todos nós nos tratávamos como 'irmãos'") e a preparavam para os primeiros trabalhos de cura espiritual. Apontavam alguma amiguinha da turma, diziam seu nome, e a orientavam para que prestasse atenção nela quando estivesse na aula. As principais recomendações dos mentores eram para que ela sempre observasse colegas que eram perseguidos por outros ou pelos próprios professores. A orientação era para ficar de olho nos mais perseguidos e discriminados de alguma forma.

Certa vez, uma professora foi o alvo da atenção dos mentores espirituais: Renata viu que ela havia perdido a mãe havia pouco tempo e ainda se encontrava bastante entristecida; chegou perto da professora, abraçou-a e lhe disse que não chorasse e nem ficasse triste, porque sua mãe "já estava no céu". Foi a maneira singela que a menina encontrou para explicar a ela que sua mãe estava bem e encaminhada na vida espiritual.

Como Renata não era exatamente uma aluna exemplar, sua mediunidade e sua espantosa memória fotográfica a ajudaram a passar nos exames, desde o primeiro grau até o vestibular. Ela lia os livros e os memorizava com absoluta facilidade; quando chegava a hora dos exames, ela "relia" tudo em sua memória e respondia às questões de forma precisa. Ela chamava isso de "cola mental".

Aos oito anos, mais uma manifestação de cura paranormal: sua mãe sofreu um colapso e entrou em coma, sem que os médicos conseguissem identificar a causa do problema. Ao voltar para casa, ainda em estado que inspirava cuidados, foi colocada em seu quarto, onde havia uma imagem de Nossa Senhora. Renata viu a imagem "sair" do quadro em que se encontrava até ficar do tamanho de uma pessoa e a orientou a pôr a mão sobre sua mãe. Renata fechou os olhos e sentiu uma energia que perpassava todo o seu corpo, vinda da própria Mãe Maria:

"Eu era o transmissor da luz dela, que entrava por meu corpo e saía por minhas mãos, e pus minha pequena mão sobre minha mãe e comecei a rezar baixinho numa língua que eu não conheço; não sei se era aramaico, árabe ou ídiche. Fiquei ali por uns cinco minutos fazendo aquilo sem saber direito do que se tratava. A luz intensa daquela imagem de Nossa Senhora era que fazia o trabalho de cura. A mãe se recuperou totalmente, e o diagnóstico que os médicos deram foi de 'estresse'."

A consciência de que já estava a serviço de um grupo de inteligências espirituais extraordinárias existia desde o momento em que começou a receber as orientações para acompanhar e apoiar suas colegas de sala de aula. Mas esse episódio ocorrido com sua mãe fez com que ela tivesse certeza da singularidade de sua missão de cura.

Em função das relações de amizade que estabeleceu na escola, Renata passou a conviver com a elite paulistana da época. Muitas de suas amigas eram filhas de políticos e empresários importantes, e não foram poucas as vezes em que se viu rodeada de deputados, senadores, governadores e até presidentes da república, almoçando e jantando em palácios do governo. Ela conta que, quando estava sentada entre eles e não conseguia comer, sabia que algum trabalho estava sendo executado.

"Muitas vezes, essas figuras importantes faziam questão que nós, as crianças, participássemos das refeições com eles, e quando eu sentava na mesa e não sentia fome, sabia que estava trabalhando. Todas as vezes em que perco a fome, sei que algum trabalho está ocorrendo, mesmo que eu não tenha consciência do que se trata."

Esse é um ponto interessante da faculdade paranormal de Renata: ela sabe que é apenas um instrumento por meio do qual a espiritualidade trabalha. A consciência que tem de seu dom vem em conseqüência das vidências e desdobramentos que acontecem com ela o tempo todo. As curas e transformações por que passam seus pacientes são sempre executadas pelos mentores espirituais, muitas vezes sem que ela sequer saiba como tudo acontece.

Por outro lado, os desdobramentos são sempre plenamente conscientes: ela possui um dom, que em parapsicologia se chama "bilocação". No caso de Renata talvez fosse mais correto chamá-lo de "multilocação", porque ela se percebe em várias dimensões ao mesmo tempo, e sem perder a noção de onde está nem sua consciência da dimensão em que todos nós vivemos.

Uma das experiências mais inusitadas que lhe aconteceu foi por ocasião do falecimento de sua avó paterna, pessoa com quem Renata tinha grande afinidade e que, de certa forma, foi a responsável indireta por sua iniciação espiritual. Ela conta que, durante o velório, via sua avó perfeitamente viva circulando entre os presentes, e sabendo que só a neta tinha a capacidade de vê-la ali. E mais: além dela, havia vários outros parentes já desencarnados que a acompanhavam, e que eram apresentados à neta pela própria avó. Ela relata:

"Eu desci para o jardim da casa de minha avó e fiquei conversando com meus parentes desencarnados, que ela ia me apresentando e explicando quem era cada um. Foi ótimo aquele funeral!"

Renata não imaginava que aquela experiência marcaria uma outra etapa de sua paranormalidade: depois de ter voltado para São Paulo (a avó morava no interior), Renata começou a vê-la em todos os lugares, de forma inesperada, e a menina chorava cada vez que isso acontecia. Até que resolveu ajoelhar e rezar a Deus, pedindo que "com os olhos da Terra" ela visse apenas a terceira dimensão, e com "a terceira visão" ela visse o mundo espiritual. Isso foi uma estratégia inteligente da garota, para que soubesse e pudesse distinguir os dois tipos de visão que possuía. Daí em diante, ela passou a não ver mais a avó com os olhos da Terra, apenas em sua visão interior.

O que ela não sabia, porém, era que uma outra etapa ainda mais difícil também se anunciava a partir dessa "divisão" entre o mundo visível e o invisível: a disputa de que seria alvo por parte das entidades espirituais que trabalhavam para a luz e as que trabalhavam para a escuridão. Renata passou a ser tentada pelo lado escuro da vida de todas as maneiras:

"Tentaram me levar para as drogas, para a bebida e até mesmo para a prostituição. Perturbavam a mim e à minha família de todos os modos possíveis. Mas eu resisti a tudo. Dos 13 aos 15 anos de idade foi uma 'guerra' tão grande que, quando chegou meu aniversário de 15 anos, minha mãe até se esqueceu."

As entidades do lado escuro a provocavam, dizendo que ninguém mais a veria caso ela não optasse por trabalhar com elas. O esquecimento do aniversário produziu um medo enorme na adolescente, que começou a temer que seria mesmo esquecida. Ela chorava diariamente por causa disso, mas continuava resistindo às tentações. E estas não eram poucas: todas as facilidades e benesses do mundo material lhe eram oferecidas de bandeja caso ela aceitasse trabalhar com o lado escuro.

Sua reação foi a de reclamar com seus mentores queridos, argumentando que aquilo não era justo, que ela não deveria ser submetida a esse tipo de situação. Eles respondiam afirmando que aquilo fazia parte do percurso espiritual dela, e que a opção pela luz ou pela escuridão era um direito que o livre-arbítrio dela lhe proporcionava e com o qual eles não tinham o direito de interferir.

Como que para aumentar a tentação, Renata passou a quase não ver mais seus mentores. A única exceção era Nossa Senhora. Quando a situação ficava insustentável e o desespero a tomava, Mãe Maria se manifestava visualmente, e, embora sem se comunicar de forma direta com a adolescente, conseguia acalmá-la apenas com sua aparição.

Mas a luta não era fácil: o passo seguinte foi o acesso que as entidades da escuridão lhe proporcionaram a revelações nem sempre animadoras, relacionadas ao passado da menina e às conexões cármicas com os parentes e amigos mais próximos.

"Eles me faziam ver as ligações de vidas passadas com pessoas de minha família, e diziam: 'Olha só quem foi aquele seu primo! Veja só a maneira como ele assassinou você naquela vida!' E eu resistia o máximo que podia, mas comecei a ficar desconfiada de tudo e de todos! E eu não podia falar com ninguém, porque se o fizesse era chamada de louca."

E as dificuldades continuavam. A novidade seguinte foi uma freira, uma irmã de caridade chamada "Irmã Maria", que apareceu na porta de sua casa e foi acolhida pela bondosa e ingênua mãe de Renata. "Irmã Maria" passou a morar na casa, com direito a quarto e todas as mordomias domésticas. Ela recebia numerosas pessoas na sala principal da casa, e dizia que ajudava essas pessoas a conseguir emprego. Entretanto, por trás da aparente bondade da "Irmã", Renata e suas irmãs – que não tinham nenhum poder paranormal – não tinham bons pressentimentos em relação à freira. A mãe não dava ouvidos às inquietações das filhas e confiava na religiosa pelo simples fato de ela ser uma "irmã de caridade".

Mas a "irmã" não ignorava o olhar penetrante e inquiridor com que a menina a acompanhava. Um dia, chamou-a para conversar e lhe perguntou por que Renata a olhava tanto. Para continuar a conversa, a "irmã" trancou-se em seu quarto com a menina, sob o olhar assustado da mãe. Em seguida, abriu um armário do qual tirou uma foto de si própria deitada num caixão, morta, e lhe disse: "Agora somos só nós duas aqui." A menina ficou muda de medo, mas viu Mãe Maria aparecer e lhe fazer um sinal de "calma". Nesse momento, a mãe de Renata começou a esmurrar a porta e pedir à freira que a abrisse. O episódio se encerrou ali, e alguns dias depois a "irmã" informou que iria continuar seu trabalho em outra cidade, agradeceu a hospitalidade da família e se foi.

Ao que parece, esse episódio com a falsa irmã de caridade encerrou o período mais difícil do aprendizado espiritual de Renata. Aos poucos, as comunicações habituais com os mentores queridos de sempre foram se normalizando e permitindo que a adolescente continuasse a aperfeiçoar seus dons paranormais. Ela explica que a essa altura eram vários mentores diferentes que a aconselhavam em assuntos diversos: um se encarregava das questões de saúde, outro das questões relativas à paz, e assim por diante. O interessante é que, apesar de ser conhecida pelos trabalhos de cura, considera que sua principal missão é transmitir a paz e o amor.

A novidade seguinte que os mentores lhe apresentariam era absolutamente inesperada: casamento! Renata tinha 15 anos de idade quando lhe chegou a informação de que precisava se preparar, porque em breve iria conhecer seu futuro marido. Depois do espanto inicial com a notícia, um dia ela foi a uma festa em que viu um homem "alto, altíssimo, bonito", e teve a certeza de que era o marido anunciado pela espiritualidade; a intuição foi logo confirmada pelos mentores. Como era uma festa de Ano Novo e ela é de baixa estatura, recorda-se bem humorada que fez um esforço enorme para conseguir alcançá-lo para lhe dar um abraço pela passagem do ano e iniciar uma conversa com ele. O namoro começou em seguida e realmente resultou em casamento.

O problema é que, um dia antes da cerimônia, Renata teve a antevisão do que iria acontecer a partir dali, e chorou muito, quase desistindo de casar. Foi aconselhada por todos, família e mentores espirituais, a não voltar atrás e não voltou.

Por alguma razão, pouco tempo depois disso, suas faculdades se apuraram ainda mais. Ela conta:

"A partir dos 16, mas sobretudo a partir dos 18 anos, passei a ver as pessoas se materializando na minha frente. Quando digo isso, é se materializando mesmo: as pessoas surgiam, iam se formando fisicamente, a ponto de fazerem volume ao se sentarem num sofá ou numa almofada! Esse tipo de fenômeno durou 14 anos, até meus 32 anos de idade."

As manifestações eram tantas e tão diversas que a própria Renata começou a duvidar de que todas aquelas entidades que lhe apareciam vinham do lado da luz. Ela mesma resistia e questionava muitas delas, afirmando que deviam ser entidades do lado escuro tentando enganá-la. Recebia como resposta uma confirmação serena de que estava enganada. Os fenômenos físicos também se sucediam, com portas de armário batendo, objetos caindo e se deslocando.

Com a apuração de seu dom, as tentações voltaram: as entidades do lado escuro voltaram a lhe oferecer oportunidades de dinheiro fácil, drogas e todo tipo de tentação. Mas ela resistia bravamente.

O ACIDENTE: MORRENDO E NASCENDO DE NOVO

Um dos episódios mais marcantes e impressionantes por que Renata passou foi um gravíssimo acidente de carro, no qual ela literalmente morreu e voltou à vida, por volta dos 24 anos de idade. Os mentores espirituais anteciparam a informação para ela com um ano de antecedência, o que não ajudou muito. A moça ficou extremamente assustada com a perspectiva que se aproximava e tentou argumentar com a espiritualidade para alterar seu destino. A resposta que teve foi que não havia o que se fazer, apenas esperar e passar pela experiência.

Quando faltavam uns dois meses para o acidente, Renata passou a interpelar seus mentores diariamente, para tentar saber quando ele iria acontecer. Eles apenas respondiam que o fato não se daria na cidade de São Paulo, e sim em alguma estrada nos arredores. Na véspera, ela teve a certeza de que o dia seguinte era o "dia D". Estava de viagem marcada para uma casa no campo, com alguns amigos. Ela iria com um amigo numa Fiat Uno. Quinze minutos antes do choque, ela avisou ao amigo que iriam sofrer um acidente em poucos minutos; o amigo tentou tranqüilizá-la, mas poucos instantes depois o carro acabou se chocando de frente com uma caminhonete C-10 carregada de batatas.

O choque foi tão violento que a caminhonete "subiu" por cima da Fiat, e o motor desta foi parar no banco dianteiro, com a Renata ficando por baixo do motor e a Fiat por baixo da C-10! Na hora de ser socorrida, ela foi dada como morta, e a prioridade passou a ser seu companheiro, que estava bastante ferido, mas sem risco de morte.

Enquanto as providências eram tomadas, Renata, que havia saído do corpo instantes antes do choque, ficou observando tudo "de cima". Convencida de que sua etapa na Terra terminara, e com a habilidade de se deslocar pelo espaço, procurou se encaminhar para o que imaginava que seria "um portal". Lá chegando, foi recebida por muitos de seus amigos espirituais, e isso a fez ficar ainda mais convencida de que esse era seu destino a partir de agora. Estava livre do corpo material e tinha tomado todas as providências legais e burocráticas que diziam respeito a testamento e etc. Estava livre!

Foi quando se deparou com um "mensageiro", uma espécie de ser angelical, que lhe informou que ela teria de voltar à Terra, porque sua missão estava apenas começando. Renata reagiu, dizendo que estava tudo consumado e que aquele era o lugar em que ela queria estar daquele momento em diante. De forma bem-humorada, ela se lembra do diálogo que manteve com o anjo:

"Você está maluco se pensa que eu vou voltar para lá! Não vou mesmo! Veja meu corpo todo quebrado lá embaixo. Eu morri! Estou mortinha da silva!"

O ser, com toda a calma, dizia-lhe que infelizmente não ia ser assim, que ela teria de voltar à Terra e à vida. Nesse momento, ela percebeu que sua avó a olhava com um ar de amor misturado com resignação, e entendeu que algo de muito sério estava acontecendo. Percebendo a gravidade do momento por que estava passando, Renata mudou de atitude: ajoelhou-se frente àquele ser enorme e sereno que a olhava e pediu clemência ao Pai Celestial para não voltar à Terra.

"Foi a primeira vez na vida que utilizei a palavra 'clemência'. Eu me ajoelhei e pedi ao Pai clemência para não voltar. Pedi até que chamassem meu 'irmão maior', Jesus Cristo, para interceder a meu favor. O anjo respondia que ele estava acompanhando tudo, embora eu não conseguisse vê-lo naquele momento. Eu estava tão revoltada que nem conseguia percebê-lo por perto. Eu via Maria, mas não conseguia vê-lo."

A única solução encontrada para acalmar a revoltada Renata foi um passe "sossega-leão" (palavras dela) que a fez ficar entorpecida. Quando se deu conta, já estava próxima à crosta terrestre e via seu corpo todo despedaçado.

"A cabeça estava deformada pelo choque, os membros todos quebrados, mas eu vi que não tinha alternativa. A única vantagem de tudo isso é que os quatro minutos que passei fora do corpo equivaleram a quatro meses de aprendizado no plano espiritual. Com isso, aproveitei para fazer muitas perguntas aos mentores e ter muitas dúvidas esclarecidas enquanto argumentava a favor de minha permanência na vida espiritual."

Aqui entram em cena três personagens misteriosos que chegaram ao local do acidente logo após o choque. Estavam em um Chevrolet Opala preto e, ao que tudo indica, não eram seres "comuns". Foram eles que socorreram Renata e, segundo ela, o fizeram de forma inusitada: pelas condições em que se encontravam o carro e o corpo dela, seria necessário serrar o veículo para conseguir retirá-la do meio das ferragens retorcidas. Segundo seu relato, os seres desmaterializaram o corpo dela e o retiraram sem que nenhuma providência mais drástica fosse tomada.

A prova de que seus "amigos" não eram deste mundo está no laudo pericial que descreve o acidente: o carro preto não foi identificado, nem sua placa, e os seres não deixaram uma só impressão digital que pudesse ser recuperada pelos especialistas. Renata, que se lembra de tê-los visto com clareza, afirma que eles não tinham nada que os diferenciasse dos seres humanos normais, apenas eram muito altos e muito magros e nada falavam. Ela conseguia conversar com eles por meio de telepatia. E tinham o "olhar de mel", já descrito anteriormente.

Ao ser deixada por eles em um pronto-socorro, veio a constatação de que ela tinha fraturas por todo o corpo. Durante os cinco anos seguintes, passou por um verdadeiro calvário de cirurgias que a fizeram ir e voltar ao hospital regularmente. No primeiro momento, ela se recorda de que teve o corpo praticamente todo engessado; só o braço direito não foi imobilizado, mas o restante, dos pés à cabeça, estava sob uma camada de gesso.

O renascimento de Renata foi literal: ela conta que precisou reaprender a andar ("no começo eu só me arrastava") e até mesmo a falar, já que, com a fratura da mandíbula, seus ossos da face foram amarrados com um arame cirúrgico e ela não pôde movimentar a boca durante muito tempo.

Mas todo esse trauma impressionante teria de resultar em alguma mudança em sua relação com a espiritualidade e a paranormalidade. Segundo ela, o trabalho espiritual não parava nunca:

"Mesmo no período em que eu estava em coma na UTI do hospital, eu saía de meu corpo o tempo todo para acompanhar e tratar meus colegas de centro intensivo e a mim mesma; os mentores vinham tratar de mim e em seguida eu 'saía' com eles para atender os outros pacientes que lá estavam", conta Renata, entre risos.

E as "aulas" continuavam: muitas vezes, ao visitar algum de seus colegas de enfermaria, ela percebia que o momento final dele estava chegando, e até disso ela participava, auxiliando-o no processo de desencarne e encaminhando-o para o plano espiritual. Além disso, dava aos médicos que a tratavam informações sobre seu próprio tratamento, sugerindo dias mais apropriados para que fosse operada. Os médicos do Hospital Sírio Libanês, no qual ficou internada, até hoje a chamam de "bruxinha" por causa dos comentários e intervenções que fez em seu próprio tratamento.

Mas o aprendizado principal desse período não foram os progressos de sua paranormalidade, nem as novas habilidades aprendidas, como o auxílio aos pacientes moribundos. Renata conta que sua principal lição, além de aprender a ser "menos falante", foi o "aprender a ser sozinha". Como dependia de todos para poder fazer qualquer coisa, começou a se satisfazer com a solidão dos momentos em que não precisava de auxílio e a extrair desses momentos o prazer de estar consigo mesma.

Essa solidão, contudo, não era para ser tomada ao pé da letra. Uma outra compensação para todo esse sofrimento foi a companhia que passou a ter de seus dois melhores amigos, exatamente Mãe Maria e Jesus. Todas as noites eles apareciam junto à sua cabeceira e lá ficavam respondendo a todas as indagações da moça. E o melhor de tudo é que eles sempre traziam alguns outros amigos para lhe fazer companhia. Renata se recorda de ter tido a visita de Mahatma Gandhi, de Paramahansa Yogananda e até mesmo de Sidarta Gautama, o Buda histórico. E o interessante é que seus amigos eram vistos por ela tanto com os "olhos da Terra" quanto com a visão espiritual.

"O quarto podia estar todo escuro, mas quando eles chegavam, traziam aquela luminosidade azul-prateada e rosa que iluminava a casa inteira. Era muito lindo. Eu, de minha parte, chorava, reclamando que eles me haviam abandonado, e me queixava da contundência e do drama por que estava passando, e eles apenas retrucavam, dizendo que tudo aquilo era necessário para meu aprendizado. E foram dois anos de silêncio absoluto, porque eu ainda estava reaprendendo a falar, mas de muito aprendizado."

O TRABALHO DE CURA

Depois da lenta recuperação e de todas as cirurgias por que passou, começou finalmente o trabalho ao qual Renata se dedica até os dias de hoje. Instruída por seus mentores espirituais, ela começou a atender doentes de todos os tipos, passando a trabalhar em sua própria casa, num ambiente especialmente preparado para isso. Só na casa em que reside atualmente já são dez anos de trabalho ininterrupto e diário.

Durante muitos anos, antes de se estabelecer de forma definitiva em sua própria casa, Renata exercia seus dons paranormais em um centro de umbanda localizado na Baixada Santista. Trabalhava às sextas, aos sábados e domingos nesse terreiro, até que a última pessoa da fila fosse atendida. Depois, pegava um ônibus de volta para São Paulo e retomava seus atendimentos domésticos.

Foi justamente uma entidade da umbanda que presidia essa casa, o Caboclo Sete Flechas, que lhe informou que a espiritualidade iria lhe dar um presente, para que ela pudesse desenvolver seu trabalho com mais regularidade e tranqüilidade. Por meio daqueles expedientes inexplicáveis que o mundo espiritual promove em nossas vidas, Renata recebeu uma oferta irrecusável para vender o apartamento em que morava e acabou encontrando a casa em que mora e trabalha até hoje, também comprada por uma quantia irrisória e inexplicável. É verdade que a casa se encontrava em um estado lastimável quando ela a comprou, mas aos poucos foi sendo possível fazer algumas melhoras no imóvel.

A arrumação de seu espaço de atendimento passou por diversas mudanças, de acordo com as possibilidades materiais da médium e com as instruções dos mentores espirituais. Ela conta que, no início, o local mais se parecia com um terreiro de umbanda, porque o chão ainda não havia recebido nenhum tratamento especial e se assemelhava ao de uma casa de culto afro-brasileiro.

E ela tem total respeito pela atuação das diversas "linhas" de entidades que a auxiliam. A segurança e a "firmeza" do local é assegurada por todo um preparo energético que inclui elementos de "todas as linhas", como ela mesma explica:

"Antes do chão do local de atendimento receber uma camada de cimento, eu 'plantei' ali todas as seguranças e fundamentos necessários para que o local ficasse bem estruturado e protegido. Está tudo lá. Cada linha com seu 'ponto', e são tantas as linhas que eu nem sei nomear todas de memória. Tem umbanda, candomblé, kardecismo, cristianismo, judaísmo, budismo. E eu nem sei como preparei isso tudo. 'Eles' vinham, me davam as instruções e eu cumpria rigorosamente. Desenhava, riscava, cantava. Até que chegou um momento em que eles me orientaram para cobrir tudo com palha de esteira. E durante muito tempo trabalhei dessa forma. Quem mais gostava desse ambiente eram os pretos velhos", ela conta, divertida.

Depois da obtenção do local apropriado, o impulso principal para estimular essa nova etapa de sua missão surgiu a partir de informações que Renata recebeu para uma amiga, filha dos políticos que conhecera na infância. O marido dessa amiga, recém-falecido, apareceu a ela de maneira inesperada um dia, e lhe repassou uma série de dados a respeito de documentos e papéis importantes que sua mulher procurava, mas não conseguia encontrar. Depois da localização desses papéis, a amiga, impressionada com a precisão de sua paranormalidade, começou a insistir com ela em que fizesse um trabalho regular de atendimento às pessoas que necessitassem de sua ajuda.

As figuras proeminentes da vida brasileira começaram a bater à sua porta recomendadas pela amiga, e todos saíam de lá impressionados com o trabalho dela. Em mais uma intervenção bem-humorada, Renata se lembra de que a casa vivia cheia de seguranças a cada visita de um desses figurões. A discrição de Renata é total em relação a isso. Não há como convencê-la a dizer nomes ou a divulgar qualquer atendimento que tenha feito ao longo de sua vida.

"Nunca fiz um cartão de visita, nunca fiz propaganda e nem vou fazer. A privacidade de meus pacientes, sejam eles quem forem, vai ser sempre mantida, custe o que custar. Isso é um princípio do qual não abro mão", ela afirma, quase exaltada.

Em seguida, os casos ligados a problemas de saúde começaram a ser os mais freqüentes em seus atendimentos. Pessoas indicavam a outras pessoas, que indicavam a outras pessoas, e a propaganda de boca começou a fazer com que os doentes passassem a ser maioria entre seus pacientes. Renata explica que apenas impunha a mão sobre os doentes, sem nenhum tipo de preparo ou atitude especial que não fosse a de "trazer a paz" para eles. Da parte dos pacientes, o relato comum era a sensação de que a mão da paranormal estava "pegando fogo". No fim do tratamento, a pergunta inevitável: "O que você fez comigo?" E ela respondia: "Nada, você não veio procurar a paz? Pode ir embora."

É interessante perceber a postura de Renata em relação a todos esses procedimentos. Ela não promete nada, não espera nada, simplesmente atua como um canal de trabalho dos mentores espirituais sem criar nenhum tipo de expectativa ou de ansiedade em relação aos resultados que podem ser obtidos. E casos de remissão de câncer e até de Aids foram constatados. Os médicos da medicina dita tradicional que acompanhavam as histórias de seus pacientes com Renata começaram a ficar intrigados, porque mesmo que eles nada sentissem durante a aplicação dos tratamentos espirituais, marcas de cirurgias apareciam mais tarde nos exames solicitados. E as perguntas dos médicos que os acompanhavam eram sempre as mesmas: "Cadê aquele mioma que você tinha?" "Cadê aquele nódulo que radiografamos da última vez que você esteve aqui?"

Vários desses médicos resolveram procurar Renata, não com uma idéia preconcebida sobre o que ela fazia, mas ao contrário, para conhecê-la e tentar entender determinados fenômenos que não eram explicados pelas teorias conhecidas ou aceitas. Vale a pena ressaltar que não houve nenhum caso em que a atitude deles fosse de descrédito ou mesmo de suspeita de charlatanismo. Todos a procuravam com o objetivo de estabelecer algum nível de diálogo e intercâmbio com seus dons paranormais. Alguns, como ela diz, nunca mais voltaram, mas outros começaram a encaminhar seus pacientes a ela e a trabalhar em conjunto com a médium, porque Renata não se considera uma alternativa à medicina tradicional, e sim um complemento ou mesmo um acréscimo ao tratamento dito tradicional.

Dessa forma, ela recebe doentes encaminhados pelos médicos com todas as informações referentes a seus respectivos tratamentos, e na maioria dos casos consegue reverter processos graves e já terminais, e devolver os pacientes a seus respectivos médicos para que eles continuem o tratamento depois da intervenção dela. Em alguns casos – poucos, ela reconhece –, a cura total é alcançada nas sessões mediúnicas, e o paciente volta a seu médico apenas para receber alta, porém o mais comum é que o doente tenha uma melhora significativa em seu estado geral e continue o tratamento convencional. E nesses casos, o retorno às mãos dela não é descartado pelo "parceiro" diplomado em medicina, quando considera que isso seja necessário.

Em suma, não existe uma atitude "milagreira" nem infalível da parte dela, que lida com tudo isso como se fosse uma coisa absolutamente natural, como uma médica mesmo que trabalha em parceria com outros médicos. Existem até mesmo casos em que o trabalho de Renata é simplesmente localizar a causa do problema e repassar essa informação ao médico que trata o doente, sem que haja nenhuma intervenção dela que altere o estado de saúde do paciente.

"Eles me ligam, me passam as informações e, dependendo de cada caso, eu devolvo com sugestões de tratamento e medicação. Quando os casos são de cirurgia e eu percebo que minha presença no centro cirúrgico é importante, eu aviso ao médico e ele autoriza minha presença por lá, sem nenhum problema. É uma relação absolutamente profissional entre dois profissionais de saúde, só isso. A única diferença é que oficialmente eu não vou aparecer em nenhum prontuário de nenhum deles, mas não estou preocupada com isso. Tanto eu quanto eles visamos acima de tudo à recuperação da saúde dos doentes."

E é claro que existem os casos irrecuperáveis, afinal não se trata de uma tenda de milagres. Quando isso acontece, o papel de Renata é informar ao médico da gravidade e da irreversibilidade do quadro do doente, e começar a fazer um trabalho de preparação para seu desencarne. Como a visão que tem do processo total de cada paciente inclui também a vida espiritual, ela considera que nenhum caso é em vão, porque o tratamento é feito seja para recuperar a vida da pessoa para o mundo material ou para prepará-la para fazer a transição para aquilo que os espiritualistas chamam de "pátria espiritual".

A VISÃO ECUMÊNICA

A Grande Fraternidade Branca à qual Renata se encontra vinculada espiritualmente é uma reunião de seres de grande estatura espiritual vindos de todas as grandes religiões da humanidade. Por causa disso, sua visão da espiritualidade é também de absoluto ecumenismo no trato com os seres de todas as procedências do cosmo. Ela já relatou diversos encontros com seres extraterrestres, e trata com igual carinho um preto velho ou um caboclo da umbanda ou um grande mestre oriental ou mesmo um pajé ou xamã de alguma tradição nativa. Todos são dignos de igual respeito e reverência por parte dela.

Por causa de tudo isso, não se pode afirmar que Renata siga uma linha religiosa. Ela segue todas. A própria natureza da Fraternidade Branca é essencialmente ecumênica e universalista, e é essa a maneira que ela encontrou para trabalhar. O mais importante é que sua missão de trazer "paz ao mundo e às pessoas" se dá de uma maneira totalmente desprendida e variada, ora trazendo a cura do corpo a um doente, ora desenvolvendo uma parceria com o médico responsável pelo tratamento convencional, ora preparando doentes terminais para a transição para o mundo espiritual.

E, embora siga uma alimentação toda especial – não come carne de nenhum tipo, nem mesmo a de peixe, não bebe álcool nem ingere nada que altere sua percepção já naturalmente expandida –, ela tenta levar uma vida "quase" normal, permitindo-se fazer e receber pequenas visitas de uns poucos amigos mais próximos, evitando grandes aglomerações e tumultos e vivendo seus fins de semana como qualquer outra família paulistana de classe média, com almoços dominicais e conversas divertidas. Quem olhasse, iria achar que ali vive uma dona de casa comum, igual a tantas outras que moram no mesmo bairro, cidade ou país.

Não é isso, porém, que acham os médicos com quem ela trabalha.

O Autor

Waldemar Falcão é músico, astrólogo e escritor. Na música, trabalhou como flautista, engenheiro de som e produtor de artistas como Zé Ramalho, Steve Hackett, Olívia Byington, Moraes Moreira, João de Aquino, Armandinho e o Trio Elétrico Dodô & Osmar, entre muitos outros. Foi também Label Manager da gravadora Sony Music entre 1985 e 1987. Nos últimos anos, tem se dedicado ao seu trabalho como flautista, cantor e compositor e à participação em discos e shows de colegas músicos.

No meio astrológico, começou a trabalhar em consultoria e aconselhamento em 1987 e foi um dos fundadores do Sindicato dos Astrólogos do Rio de Janeiro (Sinarj) em 1988, tendo participado de sua primeira diretoria. Desde então, tem atuado como conferencista e palestrante em congressos e seminários sobre espiritualidade e astrologia por todo o país.

No meio literário, Waldemar foi editor da Editora Nova Era de 1995 até 1999; em seguida, foi o responsável pela criação da Editora Elevação em São Paulo. Colaborou também com o portal Globo.com como editor, assessorando a Diretoria de Conteúdo na área de Religiões e Espiritualidade. Seus trabalhos mais recentes têm sido como redator, tradutor e editor free-lancer para diversas casas editoriais do Rio e de São Paulo.

É autor de *Encontros com médiuns notáveis,* publicado pela Editora Nova Era em 2005, e já em sua 4ª edição. *O Deus de cada um* é seu primeiro livro para a Editora Agir.

Contatos: odeusdecadaum@waldemarfalcao.com.br
Blog: www.bloglog.com.br/waldemarfalcao
Site: www.waldemarfalcao.com.br
Músicas: www.myspace.com/waldemarfalco

Este livro foi composto em Sabon 11/15,5
e impresso pela Ediouro Gráfica
sobre papel offset 90g
para a Agir em fevereiro de 2008.